明治洋食事始め

とんかつの誕生

岡田　哲

講談社学術文庫

目次

明治洋食事始め

とんかつの誕生

プロローグ

日本人の食は理解不可能

幕末になると、外国におもむく日本の使節や留学生、あるいはまた渡来する宣教師や技術者などの外国人の数も多くなった。五回にわたる幕府の遣外使節団は、ナイフとフォークをもちいる西洋食にびっくりした。逆に、英米の外交官アーネスト・サトウ、ハリスまたペリーなどは、日本人の奇妙な生活習慣を書きのこし、食べ物についても興味深げにふれている。ここでは、時代は多少はなれているものの、二つの具体例をあげて、日本と欧米とのあまりにも差の大きかった、明治以前の食の実態を見てみたい。

イエズス会の海外布教活動を続けたイタリア人のヴァリニャーノ（一五三九〜一六〇六）は、一六世紀末に渡来したみずからの経験にもとづいて、日本人の食について記している。

食事の方法や料理、汁に至っては理解することは不可能である。ことごとく清潔を保ち、その方法は重々しく、我等の食事とはまったく類似点がない。すなわち、各人はそれぞれ一人ずつの食卓で食事をし、テーブル掛、ナフキン、ナイフ、フォーク、スプーン等は何もなく、ただ彼等が箸《ハシ》と称する二本の小さい棒があるのみで、食物にはまったく手を触れることなく、きわめて清潔、巧妙に箸を扱い、パン屑一片といえども皿から食卓に落とさない。きわめて慎ましやかに礼儀正しく食事し、食事に関する作法についても、他の諸事に劣らぬ規則がある。彼等が大いに愛好し、我等には有害な米から作った酒のほかに、食事の終りには冬でも夏でも常に熱い湯を飲む。これは、はなはだ熱く、少量ずつでなければ飲むことができない。彼等の食物と調理法については、材料の点でも、味の点でも、まったくヨーロッパのものと類似するところがない。結局、彼等の食物に慣れるまでは多くの努力と苦痛を経なければならぬ（松田毅一他訳『日本巡察記』）。

〔なお、本書では、引用文は読みやすさのため、歴史的かなづかいを現代かなづかいに変えたり、句読点を入れたり、また漢字をかなに変えたり、口語文に直したりなどしているところがある〕

パン・バター・牛肉・牛乳・コーヒー・ナイフ・フォークのない食事を、しかも椅子《いす》を使わずに畳の上にすわって食べる日本人の姿に驚き、茶の湯の作法やそのまずい飲み物（抹《まっ》茶《ちゃ》）にいたっては、とうてい理解できないとしている。この頃の日本で布教活動をする宣教師の資格に、「粗食に耐えられること」という条件があったという。

遣外使節が苦しんだ西洋食

一方、外国に出かけた日本人たちは、欧米人の食べ物について、どのような受けとめ方をしたのだろう。一八六三年（文久三）に、第三回目の遣外使節団が、フランスに派遣される。二七歳の若い池田《いけだ》筑後守長発《ながおき》以下、三四人の使節である。七ヵ月にわたる見聞により、積極的な攘夷《じょうい》論者であった池田は、すっかり開国論者となって帰国する。「もはや攘夷ではござらぬ、各国と条約を締結し、留学生を派遣すべきときである」との建白書《けんぱくしょ》を提出したために、幕府の怒りをかい、隠居を命じられる。このときに同行した理髪師の青木梅蔵が、詳細な日記を残している。

パン・牛肉の焼もの様々、ことごと歎息なしたり、パンは別段臭気なけれども何とやら気味悪く、牛は猶《なお》さらなり、さればとて二日三日此《この》かた食事とては一切いたさず、空腹も亦《ま》た堪へがたし、おのれ此時つくづく考ふるに御役人方は無拠《よんどころなき》上命なれば、詮方《せんかた》なけれども、我等に至つては種々手を入、他人に気兼をなし、この処へ至り、空腹飢餓に陥ることいかなる事のむくひかと世に馬鹿々々しく、只々歎息のはてはなみだにくれ、神仏を祈る外なかりけり。われ常に餅《もち》を好める故少々用意致せり、ふと彼の餅を思ひ出し早速《さっそく》取り出し食せしが、其時の快さたとふるに物なし。是にて聊《いささ》か力を得、船上に出で日輪を拝《おがま》んと四方を見渡し、弥々《いよいよ》快かりき。折柄《おりから》此処へ御奉行様御一人にて、色青ざめ、ひよろひよろと致し御出ありし有様、さながら此世の人とも思はれず、せめて粥《かゆ》にてもほしく思へども我が家来とても死人の如く物の役にはたたず、そちの働にて空腹をしのがせてくれと、難有仰《ありがたきおおせ》を蒙《こうむ》り、委細かしこまり候と、日本より持参のかこひ米三十俵の内より少々抓《つま》み出し、水なければ海水を汲上げんとせしに、波荒く我体海中に陥らんゆゑ縄を以て我体を帆柱に結ひ、つるべをもつて海水を汲上げ、斯《かく》てへんてこなる粥を拵《こしら》へたり、まづ一番に御奉行、夫《それ》より次第に家来連中まで振舞ひけり、衆人の喜び実におのれ一世一代の功名なり、皆々右の粥を食する有様《ありさま》御奉行はじめ乍憚《はばかりながら》乞食の飯台に付きたる如く也（尾佐竹猛『幕末遣外使節物語』）。

幕末になり、聞いたことも見たこともないフランスに、初めての長期の出張を命ぜられた奉行たちは、どういうわけか日本食はほとんど携行していない。パンも牛肉も食べた経験がなく、日ごとに洋風の食べ物がまったく喉を通らなくなり、空腹に耐えかねて死ぬほどの苦しみを味わう。そして、海水で炊《た》いた粥で一息ついてやっと生きかえる。今日の肉食・洋食好きの若い人たちは大笑いするかも知れない。わずか百数十年前に、日本を代表した奉行たちが、異国のフランス行きで受けたカルチャーショックである。

とんかつ、カレーライス、コロッケの不思議な魔力

実は、筆者にも、似たようなカルチャーショックの体験がある。一九六二年（昭和三七）に、約二ヵ月をかけてアメリカの一六都市を業務視察した。日本からの観光旅行はまったくできない時代に、当時の持ち出し枠一杯の五〇〇ドルの外貨を持って、アメリカの軍用輸送機を改造した四発機に搭乗しての、困難な海外旅行であった。

今日のように、国内旅行とほとんど変わらない、快適な海外旅行ができる時代とは雲泥《うんでい》の差があった。いくたびも給油と機体整備のために離着陸を繰りかえしながら、二日がかりでロスアンゼルスに到着する。当時の日本にはまったくなかった、高層建築・高速道路・大駐車場・スーパーマーケット・自動販売機・世界中の酒や煙草を売る店など、ただただ物珍しく感激・驚嘆している間はよかったが、しだいに旅の疲れが出て、四〇日後ようやくニューヨークにたどり着いた頃には、豊富なアメリカの食べ物にも辟易《へきえき》して、まったく食欲を失ってしまった。

心配した商社の人が日本人クラブに連絡して、特製のかつ丼を用意してくれた。そこは学生寮のような粗末な建物で、飾り気のない椅子とテーブルしかなかったが、わかめと豆腐の味噌汁、三切れのたくわん、大盛りの本格的なかつ丼を、日本の割り箸で食べ終わると、日本食の懐かしさが涙とともに込み上げてきた。そして、再び、全身に力がみなぎってきた感覚を今も鮮明に覚えている。忘れられない味の想い出の一つである。

その後に、しばしば聞いた話によると、海外でホームシックになったり、体調を崩したりすると、とんかつ・カレーライス・コロッケという日本の「三大洋食」が食べたくなるという。日本の洋食には、明治以来の先人たちの努力と執念のこもった、不思議な魔力が秘められているに違いない。

明治維新は料理維新

話をもう一度、幕末の頃に戻すことにしよう。あまりにも違いすぎていた日本と欧米の二つの世界、それが、ある日、ある時、想像もできなかった歩みを始める。鎖国から開国への政策の一大転換である。そして、私たち日本人の食事内容は、明治維新を境にして、その様相を大きく変える。江戸期の鎖国の頃には考えられもしなかった欧米の食文化が急速に浸透しはじめ、洋風の素材や洋式調理法が取りこまれてくる。

西洋食の多くは、幕末から明治期にかけて導入された。そのわずか百数十年後の今日、私たちは、世界の国々のなかでも、最も多様化された食べ物を享受《きょうじゅ》している。世界中のあらゆる料理を、国内で食べることができるのである。この一〇〇年余の間に、何が起こったのだろうか。外来の西洋食が、どのようにして受容されたのだろうか。そこでは、現代日本の多種多彩な食の文化を理解する上で、もっとも興味深い時代が開幕していたのだ。近代化へ脱皮していく明治維新は、「料理維新」と称するのにふさわしい時代でもあった。

そもそも、江戸期の庶民が楽しんだ食べ物はといえば、だんご・まんじゅう・しるこ・でんがく・ところてん・うどん・二八《にはち》そば・てんぷら・にぎりずし・いか焼き・うなぎ丼などの屋台のファーストフードである。これらはいずれも庶民の知恵と工夫によって作りあげられたものである。素材としては、魚介や野菜が中心であり、獣肉をもちいず、南蛮渡来のてんぷらを除いては、油料理はほとんど見られなかった。

ところが、維新後の本格的な西洋料理の導入は、上（政府と知識人）から下（庶民）へと伝えられていく。一八七二年（明治五）に、明治天皇が率先して獣肉を食し、肉食こそ文明開化の象徴といわれる時代を迎えるのである。

幕末から明治にかけての、このような食べ物の動きをもう少し追ってみよう。オランダ人との交易が続いた長崎では、洋風の食べ物に接する機会が多くなり、日本における西洋料理発祥の地となる。そして、横浜や神戸などの外国人居留地の近くに、西洋料理店が続々と開店する。外国人向けの牛肉店ができると、牛肉の入手が容易になり、牛鍋屋《ぎゅうなべや》やすき焼き屋が現れた。

しかし、本格的な西洋料理の移入は、社会の上層部からだった。政府や知識人が、しきりに肉食を奨励《しょうれい》する。宮中の正餐《せいさん》にフランス料理が取りいれられ、鹿鳴館《ろくめいかん》の連夜の舞踏会に酔いしれる。庶民にとっては、高嶺《たかね》の花の情景が繰りひろげられた。

けれども、和洋折衷《わようせっちゅう》という新しい食である「洋食」をつくりあげていったのは、やはり、庶民の創意と工夫の積みかさねであった。それには次のようなステップを踏むことになった。①庶民は、初体験の洋式調理にはなかなかなじめず、②やがて牛肉を、食べ慣れた和風の調味料（味噌・醤油《しょうゆ》）で仕立てて、牛鍋やすき焼きを作りあげ、③さらに、洋式調理のなかから、折衷料理という独特な洋食を、家庭料理のなかに取りこんでいった。

一方、明治の中頃になると、一般の子女を対象とした料理学校が開校し、活字の世界でも家庭料理の記事が普及しはじめる。一般家庭への西洋料理の浸透に、新聞や雑誌の媒体が情報を伝える有力な手段になるのである。それも当初は、洋式の料理を作るというよりは、テーブルマナーなどの知識を広めるのが主であったが、しだいに、家庭でできる和洋折衷料理の記事が増えてくる。庶民が自在に洋食を作り、食べるようになるのは、ようやく大正から昭和になってからであるが、肉食が解禁になり、ついには「とんかつ」が誕生するまでの約六〇年間は、まさにこのような経緯をたどったのであった。

ところで、西洋料理といえば、すぐ肉とパンを連想する。先のヴァリニャーノの日記にもあるように、明治以前の日本には、ナイフも、フォークも、西洋風の食卓もなかった。畳の上にござを敷いてコンロを置き、滋養《じよう》に富む牛鍋を、皆が箸でつまむことから、食の文明開化が始まった。一方、米飯と競合しない「あんパン（菓子パン）」というお八つ（間食）も日本人はつくりあげた。

米飯は淡泊な味であり、さまざまな外国の料理とも相性がよく、醤油や味噌の味付けにもなじみやすい。このような特色が、日本の食の多様性を可能にしたのであろう。

近代国家への急速な変身

さて、国家としての日本と欧米の違いを、当時の日本人は、どのように受けとめていたのだろう。比較にならぬほどにかけ離れたたとえに、「月とスッポン」「クジラとイワシ」というのがある。幕末に通詞として活躍した森山多吉郎《もりやまたきちろう》は、欧米人と出会い、その文化に初めて接触した印象について、「太陽の輝く場所へ、暗室から連れ出されたまぶしさに似ている」と述べている。まさに息詰まるような気持ちが、心をみたしていたに違いない。

こうしたなかで、明治新政府は、やつぎばやに「日本」の急速な変身を計画し、実行する。一八六八年（明治元）から一八七二年（明治五）までの年表を少し見ただけでも、江戸を東京と改称、京都府に小学校を創設、大学校設置、東京と横浜間に電信開通、集議院開院、工部省設置、岩倉具視《いわくらともみ》らを欧米に派遣、女子留学生をアメリカに派遣、東京に師範学校設立、新橋─横浜間に鉄道開通、と続いていて、とても書ききれない。

改革の一部だけでもこの通りであるから、昨日と今日と明日とでは、生活の仕方がまったく違ってくるほどの活力と変化に富んだ、気の遠くなるような時代であった。しかし、いずれの出来事にも、明治に生きた人々の、近代化された欧米に、一日も早く追いつき追いこそうとする一大決意がみなぎっていた。

一二〇〇年の禁を破る

このように近代化を促進した明治新政府は、なにゆえ積極的に肉食を奨励したのか。その理由についてもふれておく。日本人は、天武《てんむ》天皇の殺生《せっしょう》禁断から一二〇〇年にわたって、牛などの獣肉は避けるようにと、徹底した教育を受けていた。幸いなことに、日本は水田稲作農耕文化圏に属し、恵まれた気候風土にあった。温帯地域特有の四季の変化があり、北から南まで食資源の種類と量が豊富であった。そのために、魚介・野菜を中心に、土産土法《どさんどほう》により、その土地の素材を最もおいしくする調理加工法が発達した。日本式の調理と独特の発酵技術が、少なくとも江戸期ほどの人口までは、自給自足の体制で日本人の生命を支えることができたのである。

ところが、急速に近代化して、欧米の先進国家の仲間入りをするには、西洋文明の導入が不可欠になる。端的にいえば、肉食を解禁することで体位を向上させ、日本人の体力的な劣等感を払拭《ふっしょく》するとともに、西洋料理を普及させることを通じて、欧米の優れた食文化、さらには文明を、摂取・吸収・同化しようとしたのである。

しかし、すでに南蛮《なんばん》文化のなかで伝えられていた発酵型の西洋パンは、それから三〇〇年を経過した幕末になっても、尊王攘夷《そんのうじょうい》を目指す各藩が競って携帯用の兵糧《ひょうろう》パンとして研究を進めた程度であった。肉食にいたっては、心身ともにけがれるとの日本的な禁忌《きんき》が厳しく守り続けられた結果、魚介や野菜の料理を好む民族になっていた。どうして好きでもない臭《くさ》い獣肉を、君子豹変して、今日からそう簡単に食べられるだろうか。肉食反対論も強かった。

肉食の世界にも不思議なことが起こった。肉食の風潮は、一八八三年（明治一六）の鹿鳴館の完成により一段と華やかになり、政府や知識人の努力は大成功のようにみえたが、それからわずかに数年で、連日の舞踏会は幕を閉じてしまう。その後、西洋料理は、庶民には無縁の存在になる。肉食は、日本人にはやはり無理だったのだろうか。ところがやがて時満ちて、西洋料理を和風化した一品洋食が、庶民の知恵で続々と誕生していくのである。

西洋料理を消化・吸収しおえる

ところで、今日の私たちは、モノ（物質）よりも、ココロ（精神）の豊かさを求める時代に生きている。人間関係・家族の健康・こころの充実など、生活のリズムや価値観は、大きく変わろうとしている。

この本の内容は、文明開化を背景にした洋食物語である。「とんかつ」や「あんパン」が、主役のようにしばしば登場する。しかし、「とんかつ」や「あんパン」という、モノの世界だけにこだわらないようにしたい。どのようにしてあんパンがつくりだされ、とんかつが誕生したのか。料理維新に情熱を燃やしながら、これらの仕事に取りくんできた人たちを、つぎつぎに登場させてみたい。今日と同じように、モノよりもココロが中心であったこの時代の先人たちを見詰めなおすことにより、現代の暮らしの本当の豊かさについて、改めて考えてみたいのである。

さて、一八七二年（明治五）の肉食解禁、政府の西洋料理礼賛の一大キャンペーンの中で、エリート層にはいちはやく浸透した西洋食であったが、民衆にはなかなか受けいれられなかった。しかし先人たちのさまざまな工夫の中で、明治以来六〇年を経た昭和初年、民衆の中からつくりあげられた「とんかつ」によって、庶民たちは肉食を正面から受けいれたのである。コムギ粉・溶き卵・パン粉の三重の衣《ころも》が、熱い油と肉をへだてることで肉汁の流出を防ぎ、肉の柔らかさを保つ。またパン粉についた適度の油が風味を添え、サクサクとした歯ざわりを作る。この洋食の王者とんかつの誕生と、その揺籃《ようらん》の地上野《うえの》・浅草《あさくさ》から全国への急速な広まりこそ、日本の庶民が西洋料理を消化・吸収したことを示す記念碑となったのである。

本書は、そこにいたるまでの長い道のりを描くわけだが、まず第一章では、明治初年の肉食解禁までの時代に、日本人は食肉についてどういう見方をしてきたのか、歴史の流れのなかに、エピソードの数々を紹介してみたい。

第二章では、政府や知識人の肉食奨励策について、具体的にふれていく。しかし、食べ方（調理法）を決めたのは庶民である。食肉は和風に仕立てた牛鍋やすき焼きから浸透しはじめた。とんかつを中心とする和洋折衷料理「洋食」出現までの遠い道程は、牛のようにゆっくりとした歩みである。

第三章では、肉食や西洋料理にかかわる珍談や奇談を述べる。いずれも、今日の私たちの常識では、到底理解できないことばかりだが、当時の人々は真剣に取りくんでいる。

ところで、西洋料理といえば、パンと肉がなくてはならぬものである。第四章は、一八七四年（明治七）に、あんパンがつくられるまでの物語である。パンには、六〇〇〇年以上の歴史がある。しかし、日本人の付き合いは、わずかに四〇〇年余りに過ぎない。その特異な接し方についてもふれたい。

これらの数多くの課題を通過して、初めて「とんかつの誕生」となってゆく。明治初年の肉食解禁から、六〇年もの年月が過ぎていた。第五章では、こうしてとんかつを実現させた日本人の執念を、さまざまな角度から具体的に見ていく。

第六章は、とんかつを「到達点」にした洋食の歴史を、四期に大別した観点から振りかえって終章とする。

本論に入る前にお断りしておきたいことがある。第五章の「家庭料理書の中のとんかつ」のところで述べるように、とんかつの表記の仕方にはいろいろある。「とんかつ」「とんカツ」「豚カツ」「豚かつ」「トンカツ」などである。豚（とん）＋カツ（カツレツ・カットレット）という、日本語＋外来語の合成語であるから、語源的には「とんカツ」「豚カツ」が正しいことになろう。しかし、本書では読者の目になじみやすい「とんかつ」で通すことにした。「かつ」も同様である。惣菜《そうざい》売場・とんかつ屋・食品事典などで観察されると、さまざまなおもしろい表現に気がつかれるかもしれない。

また、本書であつかう主題は「食べ物」であり、これらの「創製」「創業」などの人名や日付については異説がつきものであるが、本書では筆者が信頼する多数説に従ったことをお断りしておきたい。

第一章　明治五年正月、明治天皇獣肉を食す

1　明治料理維新

体力的、文化的劣等感

物語を、明治天皇の肉食解禁のいきさつから書きはじめよう。

そこから少しだけ歴史をさかのぼれば、尊王攘夷《そんのうじょうい》だ、佐幕《さばく》だ、倒幕だ、開国だという激論が繰りかえされた幕末である。ロシア・イギリス・オランダ・フランス・アメリカなどの船が、しきりに日本近海に出没し、貿易の再開を求めたり、和親・通商条約の締結を強く要求しはじめる。この騒乱のなかで、幕末の志士としてたおれた者は、二四八〇人余（『殉難録稿』）に達したという。

日本の国は、これから、どうなってしまうのだろう。内憂外患が渦巻くなかで、孝明《こうめい》天皇は、生涯を攘夷論者としてつらぬく。あわただしい世情のなかで、一五代将軍の徳川慶喜《とくがわよしのぶ》は、熟慮の末に大政を奉還する。そして、王政復古により明治という新しい時代、近代化を

促進した「料理維新」の時代がやってくるのである。

一八六七年（慶応三）一月に、明治天皇は、弱冠一六歳で即位する。そして、鎖国から開国へという、政策の一大転換がはかられると、欧米諸国に追いつき、追いこせの大号令となる。明治新政府は、やつぎばやに近代化計画を策定していく。この変わり身の早さについて、岩倉具視は、「兵庫が開港したことでもあれば、朝廷が既に外国と和親を結ばれた其の跡は覆《おお》うべからず」と述べている。

当時の指導者たちを悩ませたのは、近代化のはなはだしい遅れの一方、見上げるような欧米人との体力差という現実のなかで、欧米の優れた文明を、どうしたら、スムーズに導入できるかということであった。大きな発想の転換が必要であった。その結果、肉食を解禁し、西洋料理を普及させることで、体力的にも文化的にも、日本人の劣等感を払拭することが急務という結論を得たのである。

私たち日本人は、七世紀の後半、天武天皇により「殺生肉食禁止の詔《みことのり》」が発布されて以来、一二〇〇年の間、肉食から遠ざけられていた。この長い間の伝統を、二一歳の明治天皇の肉食解禁により、放棄させようとしたのである。

一八七二年（明治五）一月二四日に、宮中の学問所に大臣や参議が招かれる。『吉井友実《よしいともざね》日記』によると、「西洋料理の晩餐《ばんさん》に陪せしめたまふ」とあり、後藤象二郎《ごとうしょうじろう》・副島種臣《そえじまたねおみ》・江藤新平《えとうしんぺい》・寺島宗則《てらしまむねのり》・井上馨《いのうえかおる》など、日本の歴史に名を留めた、錚々《そうそう》たる政治家たちの名前が記されている。明治天皇のこの日の回顧談に、「肉食は養生のためよりも、外国人との交際に必要だから食べたのである」旨、大久保利通《おおくぼとしみち》に伝えたとある。たびかさなる欧米の使節団の招聘《しょうへい》に、獣肉抜きの魚ばかりの奇妙な日本料理では、具合が悪かったのである。

西洋料理は、当初のイギリス風からフランス風に変わる。そして、フランス料理が外国の使臣への正餐《せいさん》となり、この習慣は変わることなく今日に及んでいる。一説によると、明治天皇は、皇后とともに和風の生活様式や和食を好まれ、個人的には肉食は好きではなかったとのことである。しかし、公式の場では、この頃はやった言葉「和魂洋才」が取りいれられた。欧米の文明の輝きは、それほどにまぶしく絶大な影響力があった。当時の新聞『新聞雑誌』には、「我朝ニテハ、中古以来肉食ヲ禁セラレシニ、恐多クモ天皇無謂儀《いわれなきぎ》ニ思召シ、自今肉食ヲ遊バサルル旨、宮内ニテ御定メ之アリタリト云」とある。

この肉食解禁により、日本人の食事の習慣は、大きな影響を受けはじめる。それまでは、獣肉はけがれているから、食べると身も心も衣服も住居もけがれる、人前に出ることもできなくなる、禁を犯した者は遠島《えんとう》などの厳罰に処せられると、長い間、徹底した教育を受けてきた。それが一転して、文明人の仲間入りをするために、肉食をせよというのである。この根強いけがれ思想を打ちやぶるには、政府と知識人による肉食奨励の積極的な宣伝しかなかった。

このような宮中における肉食の解禁計画は、一朝一夕に決まったものではない。宮内庁編の『明治天皇紀』の一八七一年（明治四）一二月一七日の「獣肉の供進」の項に、「肉食の禁は素《も》と浮屠《ふと》（僧侶）の定戒なるが、中古以降宮中亦獣肉を用ゐるを禁じ、因襲して今に至る、然れども其の謂《いわ》れなきを以て爾後《じご》之れを解き、供御《くご》に獣肉を用ゐしめらる、乃《すなわ》ち内膳司に令して牛羊の肉は平常之れを供進せしめ、豕・鹿・猪・兎の肉は時々少量を御膳に上せしむ」とある。

新政府の指導者たちは、豚・鹿・猪・兎・羊・牛の獣肉を解禁し、天皇にみずから肉食の範を示してもらい、日本の近代化を推進しようとしたのである。すでに八月には、天皇が三条実美《さんじょうさねとみ》ら高官を招いて、宮中で西洋料理を試食し、また、二合の牛乳を毎日飲むなど、肉食解禁への準備が着々と整えられていた。

肉食解禁は、はなはだ奇怪

どのような提案にも、賛成する意見もあれば、反対する者も出てくる。歴史は、このようなことの繰りかえしの中で築かれていくのだが、肉食の解禁は、決して順調に推移したわけではない。やはり、強く反対する者たちが現れた。

肉食解禁から一ヵ月ほど後の一八七二年二月一八日に、白装束に身を固めた御嶽《おんたけ》行者一〇名が皇居に乱入し、四名が射殺され、一名が重傷、五名が逮捕されるという事件が発生する。供述書によれば、「当今夷人渡来以後、日本人専《もっぱら》肉食ヲ致ス故、地位相穢レ、神ノ居所コレ無キニ付キ（中略）夷人追討シ、且《かつ》神仏領・諸侯ノ領地等、故《いにしえ》ノ如ク封ニ致シ度《たく》」とある。

万民の上に立ち、穀物の稲を祭祀し、古代以来肉食を禁止した歴代の天皇をさておいて、外国の勢力に押しながされて獣肉を解禁するなど、とんでもないことである。精進潔斎《しょうじんけっさい》を信条とする山岳信仰にある彼らは、肉食再開は許しがたい行為、社会を混乱させる元凶であると、旧秩序の復活を願ったのである。

さらにまた、一八七七年（明治一〇）四月の『朝野《ちょうや》新聞』には、「洋食洋医を宮中より斥《しりぞ》けよ」という見出しで、洋食に反対する過激な高風党宣言が出ている。「主上の御食物に洋食を奉るは甚だ奇怪の事にて、主上は元来洋食を好ませ給はざれども、○○○○（引用者注、大久保利通）が無理に御勧め申し上げ奉りしにより、朝昼のみは御心に叶《かな》はせられずながらも召上がらせらる由。実に臣子の身に取りて憤懣《ふんまん》に堪へざる所なり」とある。これらの激しい肉食反対論にもかかわらず、上層部への西洋料理の浸透・定着は着々と進行し、鹿鳴館時代を迎えることになる。

新政府の執念

明治天皇による肉食解禁に、どのような意図があったのかはすでに述べた。明治新政府は、日本を近代国家へと脱皮させ、先進世界の仲間入りを果たそうと必死であった。そのためには、肉食を奨励し西洋料理の普及をはかり、しかも、これらの情報を大々的に報じる作戦に取りくんでいた。その中心に、天皇をおいたのである。

そして、『明治天皇紀』には、数々のエピソードが記録されている。肉食解禁と同じ一八七二年の五月一九日に、医学校雇教師のオランダ人のマンスフェルト、洋学校雇教師のアメリカ人のゼーンズを宮中に招き、日本人の体位の向上には、肉食が必要であり、牧畜の奨励が急務であるとの意見をきく。

こんな話もある。このエピソードの五日後のこと、鹿児島巡幸中に立ち寄った外国人の家の老婆から、西洋料理をふるまう申し出があった。天皇は、「朕《ちん》の誰れなるかを知らざる如くなり」と述懐している。

翌一八七三年(明治六)の七月二日に、皇后や女官たちは、築地「精養軒《せいようけん》」の主人北村重威を教師にして、「西洋料理食事作法の稽古」を始めている。イギリス・アメリカ・オランダ・フランス・ドイツ・ベルギー・ロシア・スペインなどの各国公使との晩餐に、西洋料理を供した記録は数え切れないほど頻繁になる。これらのメニューの多くは、日本語と欧文で書かれ現存しているという。

断髪・洋装の天皇が、西洋料理の本格的な移入の先陣を切っていた。西洋料理のテーブルマナーにも大分慣れてきた、一八七七年(明治一〇)一二月二九日には、天皇とともに西洋食をとった後、西洋料理の歌題を出された皇后は、「かしはての臣も心や尽すらんそのあちはひもかはるおものに」と詠んでいる。大意としては、手慣れない西洋料理を、厨房の料理人たちは、心を込めて調理したことでしょう。日常の和食と較べると、どうしてこんなに味が違うのでしょうか、ほどの意だが、これを知った内膳課長は、ますます精励して西洋料理の腕をみがくことを決意したという。

さらに、翌一八七八年（明治一一）の四月九日には、天皇は近衛騎兵を伴い上野公園の満開の桜を観賞し、園内の精養軒にて、西洋料理の昼食をとっている。明治新政府にとっては、征韓論が阻止され、西南戦争が終結し、近代化へのさまざまな政策が、ほぼ順調に推移している頃であった。

以上、「明治天皇、獣肉を食す」という、政府上層部の肉食への取りくみについてみてきた。しかし、肉食が解禁されたからといって、待ってましたとばかり、庶民が肉食へ飛びついたわけではない。これから後の長い時間をかけて、西洋料理という枠組みのなかで、肉の調理法を習得し、日本人独特の折衷料理「洋食」を、つぎつぎにつくりだしていくのである。「明治洋食事始め」といわれるゆえんである。そして、昭和に入っての「とんかつの誕生」となるのであるが、ここで江戸期以前の日本人と肉食の関係について、少し歴史の跡をたどっておくことにしよう。

2　肉食の日本史

野鳥獣の宝庫

私たち日本人は、一八七二年（明治五）の肉食解禁宣言まで、まったく獣肉を食べなかったわけではない。古代にまでさかのぼって、先人たちと獣肉の関わりを見てみよう。

おおまかにいって、旧石器時代から縄文時代までは狩猟や漁労の時代であり、縄文末期以降に稲作文化が伝来して農耕文化がおこったとされている。こうした時代の遺跡からは、数多くの骨が確認されている。古代の日本では、獣肉は、たんぱく源として重要な食資源であった。

これらのうち、北海道から沖縄にまで分布する旧石器時代の遺跡からは、イノシシ・シカの骨が出土している。縄文時代の遺跡は、関東や東北などの東日本に多く、イノシシ・シカを中心に、タヌキ・キツネ・クマ・サル・カモシカ・ウサギ・ムササビ・マガモ・キジ・ツルの骨が発掘されている。日本は温帯地域に属し、年間の降雨量も多く、野鳥獣の宝庫であったのだろう。しかし、ウシ・ウマ・ヤギ・ヒツジは見当たらず、縄文後期以降に大陸より伝えられたとされる。このような自然環境から、遊牧民族とはまったく異なる家畜文化を形成している。

弥生時代の遺跡は、西日本に多い。イノシシ・シカの他に、クマ・キツネ・サル・ウサギ・ムササビ・カモシカの骨が出土している。この頃に、ウシ・ウマは家畜化され、農耕用として水田耕作に使われはじめたとする説がある。古代人は、野獣肉を好んで食べ、ウシ・ウマは家畜として大切にしている。ニワトリは時を告げる霊鳥である。このように、これらの動物を日常生活のなかで使いわけているのである。「魏志倭人伝《ぎしわじんでん》」に、「(身内の)死後一〇日余りは肉を口にしない」旨の記述があり、古代の日本では、かなり肉食が普及していたことがわかる。

古墳時代になると、肉食にも大きな変化が見られる。ウシは農耕用に、ウマは軍事用に利用され、日本の各地に広がっていく。やがて中国や朝鮮半島から渡来して定着する人々が多くなるが、彼らは、イノシシ・イヌや、家畜のウシ・ウマを食べる習慣をもっていたようである。

仏教伝来と肉食禁止令

五三八年(欽明《きんめい》天皇七)に、仏教が伝来したとされる。朝鮮半島の戦乱で、六六三年の白村江《はくそんこう》の戦い以降、百済《くだら》の亡命者が続々と海を渡ってくる。新羅《しらぎ》・高句麗《こうくり》からも渡来人がやってくる。近江《おうみ》の都(大津)で優遇された渡来人は、さまざまな異文化の花を咲かせたようだが、こうした中で良牛を飼育したり、殺した牛を神前にささげる風習が持ちこまれた。今日

年代	布告者	動物	理由	出典
675年（天武4）	天武	牛，馬，犬，猿，鶏	仏教上及び実利	日本書紀29
721年（養老5）	元正	鷹狗，鵜，鶏，猪放生	仏教上及び仁愛	続日本紀8
730年（天平2）	聖武	猪，鹿	乱獲禁	〃 10
732年（天平4）	〃	私畜猪40頭放生	旱魃	〃 11
741年（天平13）	〃	馬，牛	実利	〃 14
758年（天平宝字2）	孝謙	猪，鹿	皇太后平癒祈願	〃 20
791年（延暦10）	桓武	牛	漢神供犠の禁	〃 40
801年（延暦20）	〃	〃	〃	日本後紀9逸文
804年（延暦23）	〃	〃	実利	日本後紀12
810年（弘仁元）	嵯峨	牛，馬	〃	〃 20
1126年（大治元）	崇徳	鵜，鷹，犬放生	飢饉	百練抄

表1　日本の殺生禁断・放生令（山内昶『「食」の歴史人類学』より）

の牛の主な生産地は、渡来人の伝統を受けついだところが多い。

壬申《じんしん》の乱に勝利した大海人《おおあま》皇子は天武《てんむ》天皇となる。仏教の興隆に熱心で、仏像を造り、寺院をおこし、写経を奉納する。六七五年（天武天皇四）に、仏教の教義をもとにした殺生禁断・獣肉禁止の思想から、ウシ・ウマ・イヌ・サル・ニワトリの肉食を禁ずる勅令が発布される。「且莫レ食二牛馬犬猨《えん》鶏之宍一 以外不レ在二禁例一 若有レ犯者罪之」（牛馬犬猿鶏の宍《しし》〔獣肉〕を食うことなかれ、このほかは禁制にあらず、若し犯す者あらば罪せむ）とある。最初の肉食禁止令であった。表1は日本の殺生禁断・放生令《ほうじょうれい》を示す。

仏教には、本来は食べ物についてのタブーはないが、生き物を傷つけたり殺したりすることはさけようとしている。肉食禁止令は、これにもとづいた日本的な禁忌であり、その後もたびたび禁令が発布された。殺生禁断令のほかに放生令も出されているが、放生とは、捕らえた生き物を野に放つことである。この風習は放生会《え》として今日もなお受けつがれ、陰暦の八月一五日に、神社や仏閣でおこなわれている。

これらの禁令は一二〇〇年間もひきつがれ、日本の食べ物は獣肉から遠ざかり、たんぱく源は肉に代わり魚介が中心となる。隋《ずい》・唐《とう》の頃に伝えられた、牛乳や乳製品も消えてしまう。禁止令の特徴は、飼育動物としての家畜が対象であり、例外はあるが、野生動物は外されている。さらに、農耕・軍事・輸送に有用なウシ・ウマは、殺してはならないとするものであった。

文武《もんむ》天皇の七〇一年（大宝元）に、わが国で初めての本格的法典、大宝律令《りつりょう》が発布された。このなかに、家畜や肉に関する条項が見られる。

しかし、家畜を食べるのは騎馬民族の習慣で、古代からの日本にはなく、渡来人がもたらしたものであろう。したがって、当時の日本人にとって、肉食禁止はあまり苦痛にならない禁令であったと思われる。むしろ、仏教の興隆とともに、台頭し始めた渡来人の勢力を、食べ物の面から抑圧しようとした政策とする見方もある。

牛乳を飲むは生血を吸うが如し

なお、仏教には五戒があり、そのなかに「不殺生《ふせつしょう》」がある。食べ物のタブーはない。流転《るてん》輪廻《りんね》の思想から、生き物を傷つけること、殺すことを避けようとした。生き物は、人も動物も同じとみているから、殺生したときのむくいを恐れている。同じ生き物でも、魚介は別である。これは仏教の殺生戒の矛盾点といわれる。

同じ仏教国でありながら、中国では、日本のような肉食禁止令は出ていない。殺生戒が寺院を中心に、一部の信徒で守られている。しかし、一般には、ウシ・ブタ・ウマ・ヒツジ・ニワトリ・サカナなど、何でも食べてしまう。しかし親の死に際しては、肉・酒を慎む風習がある。朝鮮半島の殺生禁断令は、日本ほどにはおこなわれず、牛肉食は、モンゴル支配の頃から復活して李朝《りちょう》になって定着したとされる。

このように、日本・中国・朝鮮半島では、まったく異なった肉食文化を形成している。欧米の料理を受けいれ、さらに、独自の折衷による「洋食」をつくりだしたのは日本だけであった。

さて、日本人の肉食忌避は律令国家以来のもので、野鳥獣の肉は別として、家畜類の肉食を厳に禁ずるきびしいものであった。室町期の宣教師クラセの『日本西教史』(太政官本局翻訳係訳)のなかに、「日本人の牛肉・豚肉・羊肉を忌むこと、我国人の馬肉におけるに同じ。又牛乳を飲むは、生血を吸うが如しとして敢えて用いず、牛馬極めて多しと雖《いえど》も、牛は農業等に用い、馬は戦場に用うるのみなり。日本人は猟獣の旬期において得たる野獣肉の外はすべて食わず。山林にはかもしか・野猪・兎の類甚だ多し。鳥獣亦《また》多し」とある。しかし江戸中期から末期にかけて、大名たちの中に、これらの掟にしたがわず、密かな「薬喰《くすりぐ》い」をおこなう者が現われてくる。

3　幕末の肉食、薬喰い

彦根藩の牛肉の味噌漬け

江戸期の密かな肉食や薬喰いについては、さまざまなエピソードがある。「薬喰い」とは、養生《ようじよう》や病人の体力回復のために、薬代わりに肉食をする風習である。肉食禁止令が発令されてからも、飛鳥《あすか》・奈良期には薬猟《くすりがり》がおこなわれ、江戸期には薬喰いが盛んであった。このように、仏教に帰依した貴族や大名たちも、なにかと理由をつけては肉食を楽しんだのが実情である。

薬喰いされた獣には、イノシシやシカが多い。シカはカノシシとも呼ばれる。冬のイノシシ肉は脂《あぶら》がのりおいしいので、薬喰いは俳句の冬の季語になる。「冷え症で二十日ほど喰ふ冬牡丹《ぼたん》」「毒になる奴が煮てゐる薬喰」「けだもの屋藪《やぶ》医者程は口をきき」「薬喰ひ隣の亭主箸持参」「くすり喰人に語るな鹿ケ谷《ししがたに》」「薬喰ひされども旦那ばかりなり」「台所の火の用心や薬喰ひ」などの川柳が、当時の模様を伝えている。

大人たちが、子供にはのぼせて毒だからと、夜中に七輪《しちりん》（土製のこんろ）を庭に出してひそかに獣肉を煮込んでいたところ、その匂いに子供たちが目を覚ましたため、一切れ与えて寝かせたという話もある。肉を煮てはけがれるとして自分の鍋は使わずに隣から借り、「こんどから貸してやるなと鍋を棄て」と隣人に怒られた川柳もある。

近江国（滋賀県）は、百済や新羅からの渡来人が、早くから定住した土地である。良牛を飼育する技術に優れ、近江牛や大津牛の産地として知られている。彦根藩では、赤斑牛《あかぶちうし》の味噌漬けを養生肉として、毎年の寒中に将軍や御三家（尾張・紀伊・水戸）に献上するのが恒例であった。イノシシの「牡丹」に対して、牛肉は「黒牡丹」「冬牡丹」という隠語で呼ばれた時代である。赤斑牛だけは、食べても身がけがれないと都合のよい理屈をつけていた。牛肉の味噌漬けは、西洋料理の調理様式と異なりまったく日本風の味付けである。牛肉という洋風素材を、和風に調味している。このように肉を調理する発想が、後の牛鍋に応用されたのかもしれない。

外国人居留地の肉食

幕末の横浜や神戸など外国人居留地の悩みは、牛肉が容易に入手できないことであった。

生きた牛の提供を求められた幕府は、「わが国の人民が、渡世のために飼っている牛馬は、重き荷を負って遠くに行き人力を助くるが故に、その恩を思いて肉を食うことなし」と、再三にわたり「牛肉諭書」を出して断っている。アメリカの船が箱館に停泊すると、「農民が牛を引いて荷物を運んだり、牧野に放牧することを禁ずる」との幕府の通達が、箱館奉行に伝えられている。アメリカの初代総領事のハリスは牛乳も飲めず、領事館とした下田《しもだ》の玉泉《ぎょくせん》寺《じ》の境内でウシを飼育し始めたところ、寺院がけがれるとして、村人との間で論争が巻きおこるありさまであった。

困りはてた居留外国人は、アメリカや中国からウシを輸入し、横浜や横須賀で食肉に処理した。そして一八六五年（慶応元）七月に、外国人に牛肉を供給する処理場が横浜の山手に開設される。しかし、数頭ずつの輸入の手間は大変なものであった。慶応年間になると、神戸から近江や三丹《さんたん》（丹波・丹後・但馬）で飼育した牛を、三〇〜四〇頭ずつ船で運ぶようになり、このときから、「神戸牛（コウベビーフ）」のおいしさが、外国人の間で評判になる。

ももんじ屋

幕末の日本橋界隈《かいわい》のにぎわいについて、岡田章雄は『明治の東京』（一九七八年）に、イギリスのロバート・フォーチュンの興味深い記事を紹介している。フォーチュンは、馬に乗って日本橋にさしかかる。「馬で行く道々、肉屋の店も見かけた。それは日本人がただ野菜や魚だけを食べて生活しているわけではないことを示している。これらの店で牛肉を全く見かけなかったことは事実である。それは日本人が、われわれのように雄牛を殺して食用に供することがないためである。またこの国には羊がいないので、当然羊肉も見ることができなかった。しかし鹿の肉はふつうにあったし、猿はいくつかの店で見かけた。肉屋の店先に猿が吊下げてあったのを見た時の印象は忘れられないだろう。皮をはがれて、まるで人間の仲間に属しているような実に気味の悪い姿だった。日本人はどうやら猿の肉をきわめて風味のあるものと思っているらしい」とある。フォーチュンは、かなりのカルチャーショックを受けている。現代の私たちが想像しても、たしかに同じような悪寒《おかん》が背中を走る。わずか百数十年前の、日本の中心都市、江戸の日本橋界隈を活写した風景である。

幕末に食べられていたのは、シカやサルだけではない。ももんじ屋の登場である。ももんじい・ももんじとは、イノシシ・シカ・ウサギ・タヌキ・サルなどの獣肉を総称した呼び名である。バケモノや悪物《あくもの》というイメージがある。

江戸・麴町《こうじまち》に、けもの店・けだもの屋・ももんじ屋と呼ばれた、イノシシやサルを扱う「山奥屋獣肉店」があり、店先に「山くじら」と書いた行灯《あんどん》を出していた。シカを表す紅葉、イノシシを表す牡丹の絵を、柿渋で防水した戸障子に描いていた。当時は、「麴町」といえば獣肉店のことをさし、庶民の間では「麴町の鳥屋」と称されていた。

客が一つ鍋を囲む風景は異様だったようだが、悪臭のするイカモノ喰いを、寒中に身体が温まるとして好んでいる。川柳にも、「おつかない立売りをする麴町」とある。江戸のももんじ屋は、「甲州屋」「豊田屋」「港屋」が知られている。明治になると、山奥屋は姿を消すが、両国橋詰めの「もゝんじや」は、今日も健在である。

寺門静軒《てらかどせいけん》の『江戸《えど》繁昌記《はんじょうき》　初編』（一八三二年〔天保三〕）によると、イノシシ・シカ・クマ・ウサギなどの肉鍋を扱う薬喰いの店が、江戸の中期には数えきれないほどになったとある。大名行列がももんじ屋の店先を通るときには、心身ともにけがれないように、駕籠《かご》を宙に捧げたという。幕末の随筆・小山田与清《おやまだともきよ》『松屋筆記《まつのやひっき》』には、文化文政の頃（一八〇四〜三〇）に、イノシシ・シカ・クマ・オオカミ・キツネ・タヌキ・イタチ・キネズミ・サル・コウモリ・ガマなどが獣店《けものみせ》で売られているとあり、この光景は、蘭学者の弊風で実に嘆かわしいとの憤りが記されている。

福沢諭吉とブタの頭

緒方洪庵《おがたこうあん》の大坂・適塾《てきじゅく》の洋学生たちは、この頃の最も優れた知識人の集団の一つであった。福沢諭吉が塾生であった一八五六〜五七年（安政三〜四）頃に、食肉にするために処理したお礼にもらったブタの頭を煮て食べた話が、『福翁自伝』にある。獣肉の煮込み鍋は、四〜五年も前のことである。この頃はまだきわめてまれな肉食の風習であった。次に述べる「伊勢熊」の繁盛よりも、四〜五年も前のことである。

福沢諭吉は、書生の頃から進取の気性《きしょう》に富んだ人で、後に、「独立自尊」を唱えながら、文明開化の世の中で大活躍をする。書生の頃には、大坂の難波橋南詰と新町廓に二軒あった最下等の牛鍋屋で、一人前一五〇文の臭くて固い牛肉を食べるのが楽しみだったとも記している。よほどの牛肉好きであったとみえる。

このほか、幕末に牛肉の煮込みを考案して、大評判になった店がある。文久年間（一八六一〜六四）頃のこと、横浜の住吉町五丁目か入江町あたりの土手に、あまりはやらない「伊勢熊」という居酒屋があった。亭主がどこからか、横浜の外国人居留地で牛肉食がはやっているという話を聞いてきた。日本人の間でも人気が出るかも知れないと、初めての牛肉店をやりたいと女房に相談する。「攘夷論者《じょういろんじゃ》」であった彼女は気も動転して、「そんなけがらわしい商売をなさるなら、私を離縁して下さい」と嗚咽《おえつ》する。夫婦喧嘩を仲裁する者が現れる。店を二つに仕切り、一方は女房の飯屋、一方は亭主の牛煮込み屋にしたらまるく収まるだろうと提案する。その通りにしてみると、牛煮込み屋は連日押すな押すなの千客万来、飯屋の方は閑古鳥が鳴く始末に、さすがの女房も中仕切の羽目を取り外して仲直りをした。牛肉の入手は難しく、外国の商館から臓物《ぞうもつ》を安く仕入れ、ブツ切りにして串に刺し、大鍋で味噌や醬油のたれで煮込み、一串三文で売ったとのことである（石井研堂『明治事物起原』一九〇八年〔明治四一〕）。

こうして時代は明治へと移ってゆく。

第二章　牛肉を食わぬ奴は文明人ではない

1　鍋に入りこむ牛肉

牛鍋のルーツを探る

前章で述べたように、幕末にいたって薬喰いの風潮はしだいに高まっていた。しかし、明治になって公式に肉食が解禁になっても、庶民の食卓に肉はなかなか登場しなかった。その理由としては、①一二〇〇年にわたり忌避してきた臭い獣肉を、そう簡単には受けいれられない。②高価な西洋料理は、高嶺の花であまり縁がない。③獣肉の調理の仕方がまったくわからない。④獣肉を食べることで、心身がけがれることを恐れた、などがあげられる。

図1は、恐る恐る獣肉を食べるようすを示している。これらの庶民の肉食への強い抵抗感を和《やわ》らげたのは、和風鍋への牛肉の取りこみであった。簡単にいえば、牡丹鍋にもちいるイノシシ肉を、牛肉にかえて味噌で煮込んだのである。

獣肉の煮込み料理については、江戸期以前にも、いくつかの調理法が知られていた。一六

図1　恐る恐る獣肉を食べる（村井弦斎『食道楽』より）

〜一七世紀になり、南蛮人の渡来が頻繁になると、炙《あぶ》り焼きや煮込みなどの牛肉料理が伝えられた。江戸期の『南蛮料理書』には、オヒリヤス（ひりょうず）・タマゴソウメン・ビスカフト（ビスケット）などの南蛮菓子、てんふらり（てんぷら）の仕様、魚料理や割《さ》き鳥などの南蛮料理が紹介される。南蛮料理を知る上での貴重な文献であるが、著者名や出版年はわかっていない。鎖国という厳しい管理体制下にあって、読み人知らずの手法により、調理法だけを後世に書き残したのだろうか。

　獣肉の煮込み料理として「くしいと」というものがある。「くしいとの事　とりか　うをか　牛か　ししかにて　大こんまろに入て　ひともし　にんにく　か

うらいこせう　つふこせういれ　ともそのままにくたかせ　はしにてはさみきるほと　すすこしさし　に申也」とある。

一見すると判じもののような文章であるが、落ちついて読むと意味がとれてくる。鳥・魚・ウシ・イノシシやシカなどの肉に、ダイコンの輪切り・ネギ・ニンニク・高麗コショウ（唐辛子）・粒コショウを入れて、箸でつまんで切れるほどに柔らかく煮込み、仕上げに酢《す》を少々加えるとある。

獣肉や野菜を入れて煮込む料理のルーツは、イベリア半島（スペイン）の伝統的な料理の「コシード」であるとする説もある。コシードの特徴は、多種類の獣肉や野菜を大鍋で長時間煮込み、仕上げに酢を加える。肉食を好んだ大名たちは、異国の調理法により獣肉を食べたのであろう。このような獣肉の煮込み法を習得すると、やがて牛肉に、ネギ・コンニャク・豆腐などのザク（雑具《ざく》）を入れて、味噌・醤油・砂糖で煮込む日本独特の牛鍋が誕生することになる。

一八六八年（明治元）に、横浜で開店した「太田なわのれん」は、現在もなお健在で、文明開化の頃の牛鍋の味を伝えている。能登国本郷村の高橋音吉は、一八六五年（慶応元）に、横浜の吉田堤で牛肉の串焼きを始める。さらに、味噌だれで角切りの牛肉を煮込む、独特な「ぶつ切り鍋」をつくりだす。前章末で紹介した伊勢熊の煮込みに一工夫を凝らし、独特のたれを加えている。

鉄鍋に脂を引き、角切りの牛肉の両面を、肉汁の出ない程度に軽く焼き、別の器にとる。同じ鍋でネギや春菊などのザクを炒《いた》め、その上に味噌だれを加え、牛肉を入れる。煮えすぎないように注意しながら、汁がやや煮詰まってきたら、さらに、焼き豆腐と白滝を入れる。ザクの種類は多すぎない方がよく、牛肉とザクは初めから一緒に煮込まない方がよい。

仮名垣魯文《かながきろぶん》の『魯文珍報』(一八七七年〈明治一〇〉)にも、似たような牛鍋の調理法がある。「葱《ねぎ》を五分切りにして、先づ味噌を投じ、鉄鍋ジャジャ肉片甚《はなは》だ薄く、少しく山椒《さんしょう》を投ずれば臭気を消すに足ると雖《いえど》も、炉火盛にすれば焼付の憂を免れず、そこで大安楽《おおあぐら》で一杯傾けるから、姉さん酌を頼みますと、半熟の肉片未だ少しく赤みを帯びたる処、五分切りの白葱全く辛味を失はざる時、何人にても一度箸を内《い》るれば、嗚呼《ああ》美なる哉、牛肉の味ひと不叫《さけばざる》もの幾希矣《ほとんどまれなり》」とある。何とも愉快でおいしそうな牛鍋屋の情景ではないか。

肉鍋の材料は、獣肉から牛肉へ、そして、味噌から醬油と砂糖へと移行していく。換言すれば、米飯に合うおかずとして発展しはじめる。しかし、欧米の肉料理に共通する、香辛料の使用はまったく見られない。つまり牛鍋は、日本人の食卓を欧風化したのではない。洋風素材の牛肉を、和風鍋に取りこんだのである。したがって、牛鍋やすき焼きの大流行は、西洋料理の導入とは関係なく進行した。

このような自然なアプローチにより、日本人の肉食に対するけがれ感が少しずつ払拭されていった。しかも、牛鍋屋という外食の場を通じて、庶民が獣肉のおいしさを知り、しだいに家庭料理のなかに浸透していったのである。外来の食べ物を貪欲に吸収・同化していく、日本の食の文化の大きな特徴であろう。この牛鍋の調味の仕方が、味噌から醬油・砂糖になるのは明治一〇年代、ネギのほかに、豆腐や白滝を使いはじめるのは、明治二〇年代以降である。

柳田國男の『明治大正史 世相篇』（一九三一年〔昭和六〕）によると、「われわれは決してある歴史家の想像したように、宍《しし》（獣肉）を忘れてしまった人民ではなかった。（中略）ただ多数の者は一生の間、これを食わずとも生きられる方法を知っていたというに過ぎぬ。だから初めて新時代に教えられたのは、多く食うべしという一事であったとも言える。これは至って容易なる教育で、もちろんたちまちにして人はこの味を学ぶことの遅かったのを悔んだのであるが、最初はただ無邪気なる模倣であった」とある。では牛鍋は具体的にどのようにして、明治期の庶民の懐《ふところ》に飛びこんでいったのであろうか。

牛鍋屋の大流行

一八六八年（明治元）に、肉食推進派の実業家中川嘉兵衛から牛肉販売の権利を譲りうけた堀越藤吉は、東京露月町《ろうげつちょう》に最初の牛鍋屋（牛屋《ぎゅうや》）を開店する。この堀越は、横浜の異人館でコックの修業をした人で、獣肉の取扱いに慣れていた。ところが、牛鍋屋を開店するにも店を貸す人がなく、高い家賃を払って、欲張り婆さんからやっと持ち屋を借りている。遠くからでも目立つ白地に赤字で、「御養生牛肉中川屋」と染めぬいたフラフ（旗）を立て、盛んに客を呼びこんだ。しかし、当初はゲテモノ食いのガラの悪い客ばかりが集まる異様な雰囲気で、一般の庶民は、獣臭に鼻を押さえ、目を閉じて店先を通り過ぎてしまったという。石井研堂の『明治事物起原』に、一向に客の来ない中川屋の悩みが描かれている。少し長くなるが、当時の雰囲気をよく伝えているので引用する。

「店開きにお客が一人ないといふのは、心細い」と、口小言いひいひ、夜の一〇時頃に、店を締めようとするとき、図部六《ずぶろく》に酔ひし、仲間二人飛び込み来り、「さア牛肉を食はせろ、俺達はイカモノ食ひだ」と、大威張りにて食ひ行けり。その後とも、ときたま来る客は、悪御家人や雲助、人柄の悪い奴ばかりにて、「俺は牛の肉を食ツた」と強がりの道具に使ふためなりし。いはゆる真面目の人は皆無なりければ、商売にはさぞ骨の折れたることとなるべし。

来る客も客なれば、売り手も売り手なり。主人の藤吉も倅の清次郎も、天領の郷士にて、名主を勤め、苗字帯刀御免の家柄なりしかば、短いながら、脇差を一本差しをりたり。なほ店の隅には、葡萄酒に唐物、コップ、帽子のごときものを僅少ばかり売りをりたり。それは汽船や商館の需用を充たせる残りものにて、牛肉を仕入れに行くついでに、商館のサンプル物を買ひ来りて、並べおきしなりき。

その時代は、むろん座布団などは出さず、鍋を掛ける火鉢などもなく、いま京橋具足町の河合にてやるアオリと同じく、薄き鍋にて煮て出せるものなり。箸も塗り箸、外に薬味の葱と香の物くらゐ、そして茶も出さず、素湯で済ませるものなりしが、明治七年に至り、中川が、素湯にては、いくら吟味してもオリの出来るのを防ぎ得ず、はじめて茶に代へしものなり。

当初は、牛鍋屋に足を運ぶのは、車夫や職人たちで、通常は、牛肉を家に配達させている。図2は、牛肉売りを示す。しかし、「牛肉を食わぬ奴は文明人ではない」と肉食が奨励《しょうれい》され、文明開化が人々の口癖になる頃には、「官許」と書いた幟《のぼり》を立てて、牛鍋屋は庶民の間で人気の的となる。

図2　牛肉売り（『風俗画報』第316号より）

牛肉の需要が増えてくると、神楽坂《かぐらざか》の「鳥金」、蠣殻町《かきがらちょう》の「中初」、土橋の「黄川田」、浅草の「米久」、浅草黒船町《くろふねちょう》の「富士山」、さらには、ももんじ屋の「三河屋」「港屋」「尾張屋」などが競って牛肉店を兼業し始める。いったん盛んになりはじめると、勢いがついてくる。

山の奥まで牛肉屋

さらに、その流行ぶりを追ってみよう。牛肉は一八七一年（明治四）頃から庶民の関心を呼ぶようになり、二年後の大津絵には、「日の丸フラホや牛肉や、日曜ドンタク煉瓦造り石の橋」とある。一八七四年（明治七）頃の値段は、上等の鍋一人前は五銭、並等では三銭五厘とある。名古屋でも牛肉店開店の記事が出る。一八七五年（明治八）に、東京で一〇〇軒を越えた牛鍋屋は、二年後には、五五八軒にも激増する。ただ、新政府が奨励する西洋料理店は、この頃はまだ数が少ない。

萩原乙彦《はぎわらおとひこ》の『東京開化繁昌誌』（一八七四年（明治七））の「牛店繁昌」の項に、一八七四年頃の牛店の繁昌ぶりや牛店のメニュー、牛肉の価格が記されている。

「西洋造作の玻璃《はり》尽しに押立たる大旗一流、朱を以て牛肉と大字に書し上に官許と分書せり、天籟《てんらい》に舞こと翩翻《へんぽん》たる傍《かたわら》に兵庫女牛《めうし》ありと書せし招牌《しょうはい》を別に掛て」「正面の壁に貼楮して数色の割烹《かっぽう》を尽したり、曰《いわ》くすき焼・なべ焼・玉子焼・しほ焼・さしみ・煮つけ等なり。又別紙あり、曰く牛肉一ツ斤に付金二朱百文より金一分二朱まで云々。此のごとく価の違ふは、諸国各産の牛品に性味自ら異りて上中下の数種あればなり」とある。牛肉のさしみの酢味噌和《あ》えもあった。

一口に牛肉といっても、ピンからキリまで等級があったようだ。同年の服部誠一《はっとりせいいち》（撫松《ぶしょう》）

の『東京新繁昌記』に、「肉店三等あり、旗章を楼頭に飄《ひるが》へすものは上等なり。招灯を檐《のき》角に掲ぐるは中等なり。障戸を以て招牌に当つるは下等なり。皆朱を以て牛肉の二字を題し、鮮肉を表はす。鍋また二等あり。葱を和して烹《に》る者を並鍋と曰ふ。価三銭半なり。脂膏を以て鍋を摩して烹るものを焼鍋と曰ふ。価五銭。一客一鍋、火盆供具す」とある。

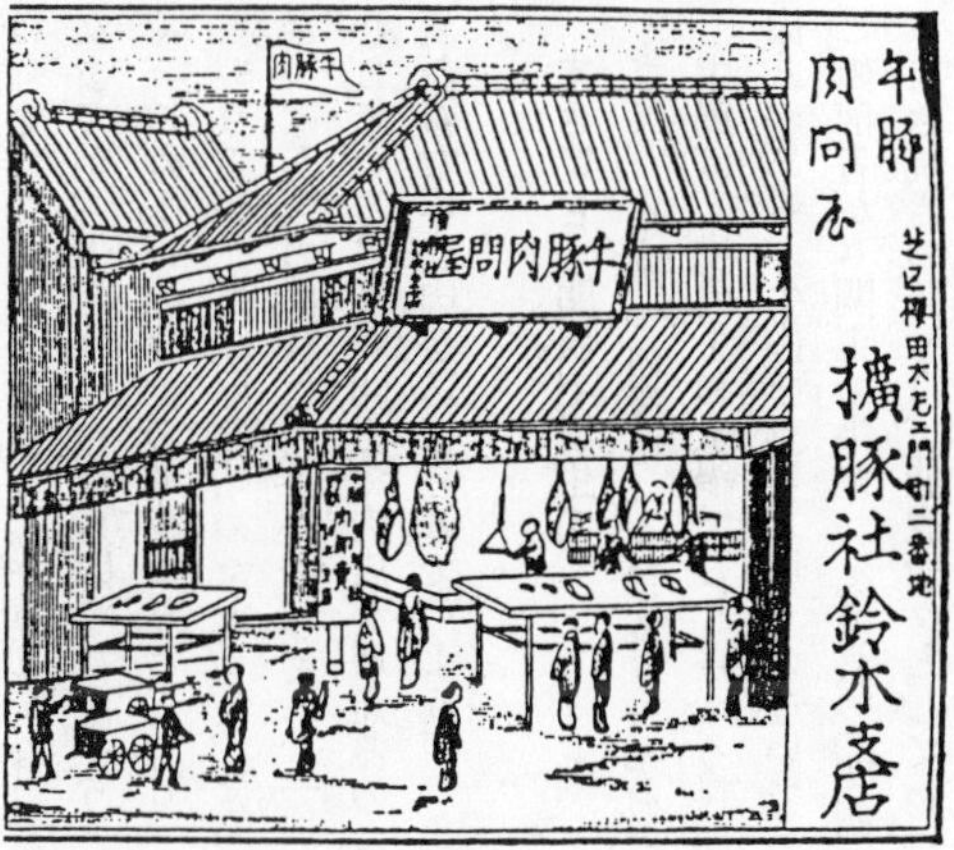

図３　明治16年頃の牛豚肉問屋（林美一『江戸店舗図譜』より）

フラフ（旗）を立てる店、行灯《あんどん》をかける店、障子《しょうじ》を看板にする店などにより、格を分けている。一八八七年（明治二〇）頃になると商《あきな》いの仕方は一変し、フラフはなくなり、大きな行灯に朱字で「牛肉販売」とか「神戸女牛肉」と書くようになった。図3は、一八八三年（明治一六）頃の牛豚肉問屋を示している。

また一八七五年（明治八）の『朝野新聞』に、「山の奥まで牛肉の世界」の見出しで、「何が開けたと云つても牛鍋ほど開けたものはあるまい。六七年前までは、東京でさへも洋学の書生さんでなければ牛を喰ふ者はなかりしに、近来は山間僻地の処女までが、牛を食はねば人間でないやうに思ふ程になりました。中々牛の歩みぐらひではなく、鉄砲玉の如き世の進歩なり」とあり、筑摩《ちくま》県（現在の長野・岐阜県の一部）の丸山理作という者が、牛鍋屋を始めたところ、さっぱり客が集まらず、夜中になると、その臭いを嗅ぎつけた狼の群れに囲まれてしまい、「狼迄牛肉を好むとは開化の世界になりました」と書かれている。文明開化で肉店が増えるのは都会だけで、各地の農漁村の食生活は、ほとんど変わらない皮肉が込められていよう。

すき焼き、関西で誕生す

さて、「牛鍋」の後に「すき焼き」が登場する。この両者は、どのように違うのだろうか。牛鍋は、牛肉を和風鍋でこしらえる料理の総称である。調理の仕方には、煮込み式と焼き肉式がある。牛肉を煮ると焼くの違いであり、煮込み料理は、庶民に受けいれやすかった。この前者が「関東の牛鍋」、後者が「関西のすき焼き」である。

すき焼きの語源は、諸説紛々としている。獣肉を鋤《すき》の上で焼いたとする説、杉の薄板にはさんで焼いた杉焼きのなまりとする説、魚肉のすき身とする説、家康が鷹狩りの帰りに、百姓に命じて鋤の上で鳥肉を焼かせたとする珍説まである。漢字の表現も、鋤焼き・数奇焼き・数寄焼きなどがある。関西で発達した「魚すき」が祖型で、魚を肉にかえたものであろう。大勢で大きな鍋をかこんで談笑する卓袱《しっぽく》料理、獣肉を煮込む南蛮料理の影響を受けている。

時代を少しさかのぼって、すき焼きを見てみる。江戸前期の『料理物語』（一六四三年〔寛永二〇〕）に、鳥肉のすき焼きの調理法が出ている。「いり鳥。鴨をつくりまづかはをいりて後、身をいれいり、だしたまり加減にて煮申し候。いりさけも加ふことあり。芹《せり》、葱、くきたち、など入れてよし」とある。鉄鍋で鳥皮を炒めて脂を引き、つぎに鳥肉を炒《い》り、たまりを加え、セリ・ネギを加える。

さらに、江戸後期の『素人庖丁《しろうとほうちょう》』（一八〇三年〔享和三〕）に、唐鋤や帆立貝の貝殻で、ハマチを焼いて醤油・おろしダイコン・唐辛子で調味する、関西独特の魚すきがみられる。江戸では、魚は使わずに雁・鴨・鹿などの鳥獣肉をもちいている。江戸中期の享保《きょうほう》年間（一七一六〜三六）頃から始まったとする説がある。この頃は獣肉を使わずに、ガンやカモなどの鳥肉が主な素材であった。

江戸後期の『料理早指南《りょうりはやしなん》』（一八二二年〔文政五〕）に、「鋤焼には、雁鴨かもしかのるい、つくりたまりにつけておき、古く遣《つか》ひたるからすきを火の上に置《おく》、柚《ゆ》のわを跡先におきて、鋤のうへエ右の鳥るいをやく也。色変る程にて食して良し」とある。『鯨肉調味方《げいにくちょうみほう》』（一八三二年〔天保三〕）にも、「鋤焼とは、古き鋤のよく摩《すれ》て鮮明なるを。熾火《おきび》のうへに置わたし、それに切肉をのせて焼をいふ。鋤にかぎらず、鉄器のよくすれて鮮明なるを用うべし」

とある。この頃のすき焼きには、鯨肉が使われている。

明治になると、関西で牛肉を使うすき焼きの調理法がつくられる。一八六九年（明治二）に、神戸元町に牛肉すき焼き店「月下亭」が開店する。大谷光瑞は、一九三一年（昭和六）刊の『食』のなかで、本当のすき焼きとは、①偏平な鍋を使う。②油脂以外は、鉄板の上に液汁を加えない。③牛肉が炙熟《しやじゆく》したら、椀《わん》のなかの調味に浸す、これが神戸牛の妙味である。④肉がなくなってから、蔬菜《そさい》を入れて、牛肉の液汁と油脂で煎《い》る。肉と蔬菜は共存させない——と、関西仕立てのすき焼きの極意を語っている。

関西から関東へ

関東の牛鍋のその後だが、一九二三年（大正一二）の関東大震災の後に、関西のすき焼きが伝えられ、牛鍋は変形して、すき焼きと呼ばれるようになった。関西のすき焼きは、生卵をつけて食べる。この習慣が関東にも伝えられる。関東のすき焼きは、醤油・砂糖・味醂《みりん》で調味した牛肉に、ネギ・タマネギ・シイタケ・春菊・白滝・焼き豆腐を入れて煮込む。ナマ（生肉）・雑具《ざく》・ギョク（卵）という隠語もできる。臭みを消すための味噌煮は、醤油味に変わる。余談になるが、東京のすき焼き屋には、今半・今金・今文・今朝など、「今」の字をつける屋号が多い。幕末に、武蔵国荏原《えばら》郡今里村に食肉処理場があり、ここから直送される鮮度のよい牛肉という意味であった。

一方、関西では割り下（醤油にだしなどを加えた汁）をほとんど使わずに牛肉を焼き、関東では割り下をたっぷり入れて煮込む調理法が定着する。これも余談であるが、すき焼きやしゃぶしゃぶ用の肉として、日本では薄くスライスした肉が店頭に並んでいる。獣肉は、空気に触れると鮮度が低下するので、外国ではまったく見られない珍風景である。何故に、日本だけに薄切りの肉が生まれたのだろう。一説によると、日本人好みの肉食の魚食化であり、薄切り肉だけがもつ肉のおいしさにあるといわれる。

三重県松阪の老舗「和田金」のすき焼きは、まさに芸術の域に達している。但馬《たじま》の仔牛を三年ほどかけて飼育し、仕上げの一年はビールを飲ませマッサージをして、念入りに脂肪分を細かく肉のなかに分散させる。いわゆる「霜降り」作りである。この松阪牛肉とネギを鍋に入れて煎り、醤油・砂糖で調味する。生肉の色が変わった瞬間が、肉質が一番柔らかい。この瞬間をとらえるのはなかなか難しい。仲居さんが客につききりで世話をしてくれる。

金子春夢《かねこしゅんむ》の『東京新繁昌記』に、一八九七年（明治三〇）頃の肉食の繁盛ぶりについて、「牛肉は目下一つの大流行にして、大小数多の牛肉店、市内各所に散在して皆よく客の需要に応じ、頗る繁昌を呈せり。是《こ》れ東京人の牛肉喫食量が増加したる顕象にして、養生家の増加せしは喜ぶべし。されば其の供給に制限あると、価の廉《れん》ならざるを以《も》つて、馬肉豚肉を混和し、或は其他悪獣腐肉を牛肉と称して売り付くる家往々あれば、よくよく注意して信用ある家に就いて飲食すべきことなり」とある。

明治も半ばを過ぎ、庶民の間で、肉食のおいしさが理解され、需要がふえてくると、悪徳商人が台頭してくる。馬肉や豚肉を混ぜたり、鮮度の落ちた肉を売りつけるので、用心が肝要というわけである。

牛鍋異聞

牛鍋の大流行の陰には、さまざまなエピソードもある。いくつかを紹介しよう。

一八八八年（明治二一）に、芝区三田に牛鍋屋の「いろは」が開店する。その名にちなんで、四八店舗を目標としたチェーン店の展開である。二階の窓に、赤・青・黄の市松模様の五色ガラスを嵌《は》めこみ、外の景色を眺めるハイカラ趣味を取りいれる。図4は、牛鍋店の「いろは」をしめしている。

創業者の木村荘平は、「いろは」各支店の店長に妾をおかせるほどの隆盛をきわめ、赤い人力車にフロックコートの派手姿が話題になる。『木村荘八全集　第七巻』によると、赤字のフラフ（旗）は、獣の生肉が赤いためで、遠くからでも目立つ色を選んでいる。色ガラスは、西洋館や異人館めかしく仕立てるために、ステンド・グラスを模している。太陽の光が当たると、室内の畳に色とりどりの射影が美しく映えたという。

「いろは」の命名は物事の初めを意味し、またいろは四八店の開店を念願している。しかし、二代目になると、放漫経営による負債が激増し、一九一三年（大正二）八月には、一六

図4　明治中期の牛肉店とそば屋（平出鏗二郎『東京風俗志　中巻』より）

店の全店を閉鎖してしまう。ついでながらこの家系からは、曙《あけぼの》（女流作家）・荘太《そうた》（文芸評論家）・荘《しよう》八《はち》（画家）・荘十《そうじゆう》（作家）・荘十二《そとじ》（映画監督）などの才能人が続々と輩出している。

　また、今日の牛丼の元祖、牛飯屋が出現したのは一八八七年（明治二〇）頃である。牛のコマ切れにネギを入れて煮込み、丼飯にかけたもので、「牛めしブッカケ」とも呼ばれた。ロースが一人前三〜四銭の頃に、牛飯は一銭であった。一八九七年（明治三〇）の雑誌『国民之友』に、「牛めしというものは、東京にはある。京阪にはない」とある。一九〇六年（明治三九）の『実業之日本』によると、食肉処理場でホク（茹《ゆ》でた内臓）・腹皮・鼻づら・百ひろ（腸）を二〇銭で買い、牛飯に仕立てると、二円の売り上げになったとある。かたくて嚙みきれないという苦情が続出した。

一方、幕末の頃から、馬肉の煮売り屋が現れていた。「さくら」とか、「けとばし」とも呼ばれ、馬肉は体温を下げ、毒をおろすところから、遊女屋の近くに店ができた。一九一〇年（明治四三）頃になると、浅草の馬肉屋に、「勿驚《おどろくなかれ》馬肉鍋弐銭」という看板が出る。「勿驚」とは、煙草の王様といわれた岩谷《いわや》松平《まつへい》（天狗）が考え出した当時の流行語である。

2　知識人による牛肉賛歌

肉食を妨げる者あらば、役人の落度

庶民の間で牛鍋やすき焼きが定着した背景には、政府や知識人による積極的な肉食奨励策があった。国民の体位を向上させ、食文化の近代化をはかるために、牛肉を食べさせようと宣伝がつづけられた。新政府は、一八六九年（明治二）に築地牛馬会社を設立して、牛肉の販売や普及に積極的な姿勢を示す。宮中で乳牛数頭を飼育し、天皇が牛乳をのむなど、牛乳の効用を説く。さらに、食肉処理場を人家のない所に設け、病牛や腐肉の売買を禁止する。

肉食を奨励したのは政府だけではない。一八七二年（明治五）に、敦賀県（現在の福井県

の一部）下での牛肉店の開店に際して、よくない噂が飛びかうと、敦賀県庁は、牛肉は、健康の増進・活力の補強・強壮滋養によい食べ物である。今までの習慣にこだわって、牛肉を食べると心身がけがれると言いふらす不心得者がいる。これは文明開化の妨げであり、不届きである——とする異例の諭告を出す。肉食を妨げる者があれば、その町の役人の落度であると断じ、徹底した牛肉食奨励策をはかったのである。滋賀・若狭・越前は、仏教徒の多い地域であった。

中川嘉兵衛、富士山頂より氷を切りだす

肉食の推進を商売に直結させたのが、実業家の中川嘉兵衛である。彼は、横浜で仕入れた牛肉を江戸に運搬して、高輪《たかなわ》のイギリス公使館に納めている。しかし、鮮度の低下などの多くの不便を伴ったために、一八六七年（慶応三）に、武蔵国荏原郡白金《しろかね》村の堀越藤吉の地所内に処理場を設け、高輪に牛肉店の「中川屋」を開店する。福沢諭吉の肉食論の影響を多分に受けており、慶応義塾は、その得意先の一つであった。

同年の『万国新聞紙』の広告に、牛肉は健康によい。虚弱・病身・病後の気力の増進・身体の壮健によい。用途に応じて肉質を選択できるとして、牛肉の部位と用途の関係を説明している。横浜の居留外国人に習ったものであろう。ロースト・ステーキ・ボアイル・ステイウなどの言葉がみられる。牛肉と同時に、パン・ビスケット・ボットル（バター）についても、日本人として初めての広告を出している。

こんなエピソードもある。生肉の鮮度保持に苦労した中川は、一八六一年（文久元）に、横浜に氷の販売会社を設立していた。ところが、製氷設備がなく、富士山頂から結氷を切りだす。この無謀な計画は、氷が運搬中に溶けてしまい大失敗に終わる。そこで、一八七一年（明治四）に、北海道の函館豊川町に、三五〇〇トン収蔵可能な氷の貯蔵庫を作り、船で運びだすことに成功する。ちなみに、日本で機械製氷が始まるのは、一八八三年（明治一六）のことであった。

肉食論者、福沢諭吉

肉食推進のもう一人の立て役者が、福沢諭吉である。彼は、幕末の一八六〇年（安政七）正月、日米修好通商条約批准《ひじゅん》書交換のために渡米した新見《しんみ》使節団に参加した。二七歳の従者として、アメリカ行きの咸臨丸に乗りこんだのである。さらに、一八六二年（文久二）の遣欧使節にも翻訳方として加わり、フランス・イギリス・オランダ・プロシャ・ロシア・ポルトガルの六ヵ国を歴訪する。これらの諸外国の文明に接した衝撃が、その後の「独立自尊」の思想となり、東奔西走の活躍をさせることになる。大の肉食論者であったその福沢も、アメリカ人の家庭に招かれて、ブタ一頭の料理を見たときには、肝《きも》を潰したといわれる。

これらの欧米の政治・経済・食文化などの見聞録が、『西洋事情』（一八六六年（慶応二）、『西洋衣食住《せいよういしょくじゅう》』（一八六七年〈慶応三〉）である。片山淳之助のペンネームで、食器などの日常生活の必需品を図解した『西洋衣食住』については後述する。

一八七〇年（明治三）には、築地牛馬会社の宣伝文を頼まれて、一三〇〇語の「肉食之説」を著し、栄養学的な観点から、肉食と牛乳の効用を強く訴える。「数千百年の久しき、一国の風俗を成し、肉食を穢《けがれ》たるものの如く云ひなし、妄《みだり》に之を嫌ふ者多し。畢竟《ひっきょう》人の天性を知らず人身の窮理《きゅうり》を弁《わきま》へざる無学文盲の空論なり」と、自信に満ちた力強い筆の運びである。翌年には、西洋料理「千里軒」の開店披露文を起草する。

福沢は、適塾の頃からの肉食論者で、肉食の推進者としても適任であった。『文明論之概略』（一八七五年〈明治八〉）によると、「いまのわが文明は所謂《いわゆる》火より水に転じ、無より有に移らんとするもの」とあり、「始造《しぞう》」という言葉を作り、近代化という未知の世界に踏み込む一大決意を示す。この思想が彼の生涯の信条となり、慶応義塾の創設など、数々の業績を残すことになる。

『安愚楽鍋』の怪気炎

一方、牛鍋を通じて肉食を奨励したのが、横浜に生まれ、新聞社や県庁に勤め、当初は神《か》奈垣《ながき》と称した戯作者の仮名垣魯文《かながきろぶん》である。「士農工商、老若男女、賢愚貧福おしなべて、牛鍋食はねば開化不進奴《ひらけぬやつ》」で始まる『牛店雑談《うしやぞうだん》　安愚楽鍋《あぐらなべ》』（一八七一年〈明治四〉）は、多分に福沢諭吉の「肉食之説」に啓蒙された文明礼讃・肉食奨励の書である。絵入りの薄い三編の和綴《わと》じ本で、安価な牛鍋屋を舞台に、牛肉のおいしさと効用を庶民に訴えている。図5は、そのにぎわう牛鍋屋の店先を示している。

この本からは、こんなにうまい滋養のある牛肉を、迷信にとらわれたとはいえ、なぜ今まで食わなかったのか、という声がきこえてくる。安物の袖時計に金のてんぷら（金メッキ）の鎖をちらつかせ、オーデコロンを匂わせた、西洋好きなキザな男の台詞《せりふ》である。鄙《いなか》武士・大工・文人画家・娼妓《おいらん》・芝居者・落語家《はなしか》・漢方薮医者・食通など、さまざまな階級の客が登場して、怪気炎を上げながら牛鍋を食う描写が凄まじい。

「モシあなたヱ牛は至極高味《こうみ》でごすネ。此肉がひらけちやアぼたんや紅葉《もみじ》はくへやせん。こんな清潔なものをなぜいままで食《い》はなかつたのでごウせう」

「追々《おいおい》我国も文明開化と号ツてひらけてきやしたから、我々までが食ふやうになつたのは実にありがたいわけでごス。それを未だに野蛮の弊習と云ツてネ、ひらけねへ奴等が肉食をすりやア神仏へ手が合されねへのヤレ穢《けが》れるのと、わからねへ野暮をいふのは究理学を弁《わきま》へねへからのことでげス。そんな夷《えびす》に福沢の著《かい》た肉食の説でも読せてへネ」

「巳《み》のどん。わちきやアはまにゐたじぶん、いつでも異人館へざしきでいつて牛といふものを食《たべ》つけたら、此地《こっち》へかへツてきても三日にあげずたべないとなんだかからだのぐあひがわるいやうだヨ。ここのうちの肉もずいぶんいいけれども、浜でしめたてを料理番《ちゃぶや》がにんじん

図５（上）　にぎわう牛鍋屋の店先　図６（下）　牛鍋を楽しむ娼妓たち
（ともに仮名垣魯文『牛店雑談　安愚楽鍋』より）

と混雑煮《ごったに》にして湯煮《ゆに》をして、それからほんたうに煮たのをたべちやアじつにこんなうまいものはないと思ふヨ」と続く。原文は、句読点がまったくない平仮名漢字混じりのもので、独特の文章に冴えがある。

あぐらをかきながら、安くて愚かな楽しみの鍋をかこみ、喋りまくる開放的な雰囲気は、庶民の文明開化を象徴していよう。こうした客の図が、随所に挿入されているが、図6は、牛鍋を楽しむ娼妓たちを示している。明治維新当時の庶民の姿、さまざまな風俗描写が圧巻である。大きなテーブルをかこむ洋風のテーブルマナーではなくて、一組ずつに別々の牛鍋が運ばれるところに、日本的な和洋折衷の食事作法の特徴がみられる。

肉食は文明開化をうながす

加藤祐一の『文明開化』（一八七三年〔明治六〕）は、肉食奨励になかなかの説得力がある。牛肉はけがれたものにあらずと力説し、庶民の肉食への偏見を取りのぞくことを強調する。「元来、獣肉魚肉都《すべ》て肉類を忌むは、仏法から移つた事で、我が神の道には其様なことはない。其証拠は神代の巻にも、山幸、海幸といふことがあつて、（中略）すなはち皮を剝いで衣服にもし、肉を切て食用にもするのじや。其外神に獣の頭や魚の肉を捧ぐる事は常の事で、獣肉を喰ふて穢《けが》れるといふ様な事は決してない事じや。穢れといふ事は、糞汁腐敗物其外何によらず臭気などが有つて、手に触るるは勿論、見るも心わるく、誰も嫌ふものに触るるのが穢れで、好んで食ふ程のものに穢れといふ事はない道理じや」とある。

「ザンギリ頭を叩いてみれば、文明開化の音がする」といわれた時代である。加藤の「文明開化」についての解釈は、なかなかに興味深い。「文明開化といふ事を此節は、口癖のやうに世間の人が申しますが、さて其の文明開化の訳が、わかつていふ人は少いやうな、夫《それ》は何故じやといふたら、よく世間の人のいふことを聞くに、豚を食ふたといふては文明じや、牛を食ふたといふては文明じや、あいつは此頃蝙蝠《こうもり》傘をさして歩行しをる、えらい文明じや、沓《くつ》をはいたままで座敷に上りおつた、こりやちと迷惑な文明じや、おまけにつれて来た犬まで上がりおつた、恐ろしい文明じや。と西洋人の真似をする、耳新らしい事目新らしい事、人々異つたことさへすれば、なんでもかんでも、文明開化にしてしまふか、さういふものでもない」とある。文章が生き生きとしている。庶民が間違った風潮に流されないように心配したさまがよくわかる。

文明開化について、一八七三年（明治六）の『大阪新聞』には、「物見高い文明人」という見出しで、「市中ヲ往来致スニ群衆立集レリ、何事ナラント立見レバ、牛店ニテ、肉ノ料理ヲ見ルナリ」とある。大阪市内に、「洋風散髪」「西洋牛肉」の看板が出たと驚いている。文明開化に騒然とした、当時の庶民のようすをほうふつとさせる。

服部誠一の『東京新繁昌記』（一八七四年（明治七））によると、「牛肉の人に於けるや、開化の薬舗にして、文明の良剤なり。その精神を養ふ可く、その腹胃を健かにす可く、その血脈を助く可く、その皮肉を肥やす可し。（中略）その製法に至つては、即ち烹《に》たり焼いたり、漬けたり乾したり、彼の薬店（牛肉店）を見れば、紅肉依々《いい》（枝葉の茂っているさま）たり。肥へたる太股あり、以て諼《けん》（ごまかし）とする可からず」とある。文明開化を促進するには、肉食を薬剤として健全な心身を養うことが先決とする。肉食を勧めながら、西洋礼《らい》讃《さん》ムードが漂っている。

このような、政府と知識人による積極的な肉食奨励策は、紆余曲折《うよきょくせつ》はありながらもしだいに効果をみせはじめた。明治も半ばの一八八六〜八七年（明治一九〜二〇）頃になると、各地で肉食会が開催された。たとえば、会員を募集し、入会者には精肉を廉価に売りさばき、配達サービスもあるといったものである。牧牛会社が加入者をつのる奨励会ができ、会員には、ロースは八銭、上等肉は五〜六銭、中等肉は三〜四銭という廉価販売もあった。家庭料理書の出版も盛んになり、西洋食の普及に拍車をかけていった。

3　高まる肉の需要

外国人向け牛肉調達

高まる肉の需要に、かつての幕府や新政府は、どのように対処したのだろう。はじめのうちは、外国から渡来する者が増えてきても、牛は家畜として飼育されていただけで、日本には牛肉を食べる習慣がなく、食肉処理場もないというのが実情であった。そのため、牛肉調達の難しさに悩んだことが、多くの外国人の日記にみられる。

黒船で来航したペリー提督の『ペルリ提督日本遠征記』によれば、住民の食べ物は魚と野菜が主で、肉といえば若干の雉《きじ》・鵞鳥《がちょう》・家鴨《あひる》などがあるだけであった。農耕・運搬用の牛を、牛肉として入手することはほとんど不可能であった。

また、初代のアメリカ総領事のハリスは、下田の玉泉寺をアメリカ領事館とするが、幕府に牛乳を所望して、そのような習慣は日本にはないと拒絶される。代わりに猪肉や鹿肉を少々受けとっただけで、コムギ粉・バター・ラード・ベーコン・ハム・オリーブ油のない生活に苦しんだ。困りはてたハリスは、すでにのべたように、玉泉寺の境内《けいだい》で肉牛を飼育し、村民の反対にあいながら食肉に解体する。これを記念して、ずっと後の一九三一年（昭和六）に、供養塔が境内に建てられた。日本で初めて牛肉に解体したむねが記されている。

牛肉処理についての初めての記録がある。司馬江漢《しばこうかん》は、江戸中期の一七八五年（天明五）に長崎に遊び、オランダ人の居留地で処理現場を見る。『西遊日記』によると、「宿へ帰りて牛の生肉を喰ふ。味ひ鴨の如し。オランダ此節出船前にて牛数々殺して塩にす。其牛皆赤牛なり。蘭人鉄槌《てつつい》をもつてひたいを打ち殺す。又四足をしばり、横にしてのどを切り殺す。それより後足をしばり、車にて引あけるに、口よりして水出つ。足のところより段々と皮を開

図7　『唐蘭館絵巻』「調理室図」（長崎歴史文化博物館蔵）

きことごとく肉を塩にす。彼国にては牛肉を上食とする。中以下はパンとて小麦にて製す物なり、これを食。寒国にして米を不生故なり」とある。冷静な筆の運びであるが、初めて見る光景にびっくり仰天したに違いない。図7は、『唐蘭館絵巻』のオランダ人による豚の解体現場である。

横浜に外国人居留地ができると、アメリカや中国から運んだ肉牛を、横浜や横須賀で解体して、アメリカ八五番館で販売する。一八六二年（文久二）に、横浜に外国人専用の牛肉店が二軒あったという。一八六五年（慶応元）には横浜の山手に、一八六六年（慶応二）には武蔵国荏原郡今里村に、外国人のための処理場が設けられる。当初は、解牛場《うしときば》と称したらしい。

さらに、居留外国人が増えてきて、外国牛の輸入では間に合わなくなると、神戸から丹波・

丹後・但馬の牛を、三〇～四〇頭ずつ運んでいる。肉質や風味が外国人の好みに合い、前述したように、「コウベビーフ」として評判になる。神戸牛の評価が高かったのは、関東よりも牛の種類が多く、労役に酷使されていなかったためらしい。築地の居留地にも、イギリス人が牛肉店を開店する。

神戸牛の人気

日本人向けの牛肉は、どのように調達したのだろうか。前述の実業家中川嘉兵衛は、横浜から外国人向けの牛肉を運び、江戸高輪《たかなわ》東禅寺のイギリス公使館に納入していたが、福沢諭吉の「牛肉は、世の開けるに従ひ、誰にても食用にする様になる」という話から、高輪に牛肉店を開店する。それに先んじて一八六七年（慶応三）に、武蔵国荏原郡白金村の堀越藤吉の地所の一部に牛肉処理場を開く。江戸の牛肉処理場の元祖である。しかし村民の抗議により、堀越は大森海岸に処理場を移転する。一八七五年（明治八）刊の『牛肉しゃも流行見世』によると、東京の牛肉店は八店舗となり、この頃の歌に、「世におそき心なれはやきのふまでくふをうしとは思ひたりけん」「よの人の業《なりわい》にすなる物乍《なが》ら牛売る家をうしとこそ見れ」とある。また、新聞の見出しに、「牛肉漸増の傾向」「開化で牛肉屋急増」などの記事が頻繁になる。

なかでも、神戸牛の人気はすさまじかった。一八七五年（明治八）『郵便報知新聞』に、神戸の肉食は全国一位で一ヵ月に八〇〇頭、次いで、横浜は六〇〇、東京は五〇〇、大阪・名古屋は三〇〇、その他の県では二〇〇〜一〇〇とある。翌年の同紙には、神戸港から積み出した神戸牛は、年間六〇〇〇頭に達したとある。

肉食を積極的に奨励してきた新政府は、牛肉の需要増大の対応に追われることになった。一八六九年（明治二）に、民部省は築地に牛会所と牛肉処理場を、翌年には、神田御陣ケ原に処理場を開設する。引き続いて、麻布本村町《ほんむらちょう》・三田小山町・千住小塚原《こづかはら》・浅草新谷町・千束村にも開設したり、移転したりの大忙しとなる。一八八三年（明治一六）には、本芝河崎に官立の処理場ができる。

不良牛肉が出まわるようになると、その取締りも厳重になる。一八七三年（明治六）に、福井数右衛門は新政府の指示を受け、不正・不良肉に対処する処理畜肉検査制度を制定する。さらに、路傍で売る「辻売り商人組」、店舗で売る「牛鍋売店組」を作り、各々に県札を掲示させて、牛肉の品質や商人の信用を高める規定を作る。初代の食肉組合の機能ができあがったのである。

一八七六年（明治九）の『郵便報知新聞』によると、東京では日増しに牛肉を好む者がふえて、今里村と浅草新谷町の処理場は多忙をきわめたという。文明開化で牛肉屋が急増していたからである。『公文通誌《こうぶんつうし》』（一八七三年〈明治六〉）によると、明治初年頃の東京の一日の処理牛は一〜二頭であったが、一八七二年（明治五）には二〇頭になる。一人半斤（三〇〇グラム）として五〇〇〇人分の食肉に当たる。処理数は年ごとに増加し、一八七七年（明治一〇）には二万頭、一八八八年（明治二一）に一〇万頭、一九〇二年（明治三五）には二〇万頭を越えた。しかし、一八八六年（明治一九）の『時事新報』のように、肉食が増えたのは都会周辺だけで、地方の牛肉消費量は目薬ぐらい、という指摘もある。

馬肉の台頭

牛肉以外の肉はどうだろうか。馬肉の煮売屋は、すでに江戸後期に現れるが、庶民の関心を呼ぶにはいたっていない。しかし、牛肉の需要増大に伴い、馬肉もしだいに注目を浴びはじめる。西南戦争で食糧難におちいると、軍馬を食べたという。ところが、牛肉の流行に伴って馬肉が食肉として扱われはじめると、馬肉を牛肉といつわる悪徳業者による「偽牛肉」が横行し、懲役刑になる者が続出する。一八七二年（明治五）に、牛肉店の某が伝染病で病死した牛の肉を売りさばき、発覚すると舌を嚙んで自殺をはかるという事件が起こった。一八七八年（明治一一）には、千葉県下葛飾郡の某が六〇日間の懲役刑に処せられている。

身体が温まると定評をとった信州名物の馬刺しは、一八八二年（明治一五）頃に、松本で初めて食べられたという。一八八六年（明治一九）の北海道の根室牧場の馬肉試食会によると、肉質は牛肉と大差がなく、強いていえば、繊維がやや粗く脂肪が少ない。馬肉との説明がなければ識別は難しい、とある。今日では、脂質の少ない健康食肉として評価が高い。

一八八七年（明治二〇）頃より、馬肉の切売りがみられ、牛肉の朱字に対して、黒字の看板が掲げられた。一八八七年の『国民之友』によると、東京で牛肉が不足し、馬肉を食う者が増えたとあり、牛が倒れ馬が前足をあげて立ちあがった絵を描き、「うまかった牛負けた」とある。ただし、「牛を馬にのりかえた」が、馬肉は煮ると黄色の泡が立ち、においも悪い、ともある。

なお、豚肉については第五章第三節でくわしく述べることにする。

治療食としての牛肉

庶民への肉食の普及には、軍隊の影響もかなり大きい。一八六八～六九年（慶応四～明治二）の戊辰《ぼしん》戦争のときに、病院に運ばれた負傷兵の治療食に牛肉をもちいている。滋養のある食べ物だから、元気回復によいと推奨されたのである。明治期になると、いち早く陸軍や海軍が取りあげ、西南戦争のときの兵食になる。明治三〇年代には、牛肉の大和煮《やまとに》缶詰がつくられ、その後の軍用缶詰として珍重される。牛缶《ぎゅうかん》は、ご馳走として取りあつかわれる。

一九〇二年（明治三五）には、明治天皇が熊本大演習の帰りに、広島あたりの汽車のなかで、牛肉の缶詰を賞味したとある。一九〇五年（明治三八）には、軍事上の必要から乾燥牛肉が考案される。日露戦争のときには、戦場での牛肉の需要が激増し、そのために牛肉の価格が高騰して、社会問題まで引きおこした。また、軍隊で牛肉や牛缶のおいしさを教えられ、郷里に戻った復員兵たちは、それぞれの地域で牛肉の需要を喚起する原動力となっていった。庶民の口コミによる肉食の奨励であった。

4　鷗外対諭吉

豚肉は健康によくない

肉食の推進が積極的に行われるなかで、当然のことに、反対を唱える者が出てくる。反対の理由はさまざまである。たとえば、①農耕用に飼育している家畜を食べてはいけない。②米食人種は、魚と野菜で十分に栄養がとれる。③肉食により血液が汚れると、腫物ができ頭髪が抜けやすくなる。④心身がけがれて、神仏を信仰できなくなる。⑤肉食の後で、人を訪ねられない。⑥肉食は、ゲテモノ食いである。⑦やせ我慢で食べて、西洋かぶれになりたくない。⑧仏罰が当って、世の中が引っくり返る、等々である。

実際に、肉食反対を唱えて行動に出た者もいる。一八六九年（明治二）に、豊後国岡《おか》藩の清原来助は、牛肉の売買禁止を集議院（公議所）に訴える。牛は、農耕用として人類の役に立つ家畜なので、その肉が美味だからといって、売買することは許されない、と。

一八七三年（明治六）の『東京日日新聞』によると、大阪松屋町の谷村某は、豚肉は健康によくないので、食うべからずと投書する。養豚家が増えて価格が下落しているが、みずから人体実験をした結果、肥満になり、脂肪ぶくれになった上、他の病気に感染しやすいと西洋医に診断された、とある。また、一八八〇年（明治一三）の『郵便報知新聞』によれば、数年前に比べて、二〇〇万人分の食糧生産が減少しているのは、肉食の流行によって耕牛の数が減少してしまったからだという。

鷗外の兵食論

いずれの意見も、肉食への世の流れを阻止するほどに強力なものにはならなかった。ところが、肉食に反対する有力な知識人が現れる。水田稲作は牧畜にもまさるとして、日本の伝統食の再評価を強くうったえて「日本兵食論大意」（一八八五年〈明治一八〉）を著した森林《もりりん》太郎《たろう》（鷗外《おうがい》）である。医者として陸軍軍医総監になり、明治文学の巨匠としても知られている。

第二次世界大戦のときにも、陸軍と海軍の仲の悪さには定評があったが、それは明治も同様であった。明治維新後に、海軍はイギリス式を採用する。陸軍はフランス式を取りいれながら、一八七七年（明治一〇）には、ドイツ式に改める。兵食についても、別々の判断を取りいれた。

一八八四年（明治一七）に、陸軍軍医の森は、命令によりドイツへ留学する。日本陸軍の兵食を、ヨーロッパ各国と比較するためである。この頃、陸軍では精白米が基本で、脚気《かっけ》に悩まされていた。医学的な原因がよくわからず、治療の方法も見出せない。海軍軍医総監の高木兼寛《たかきかねひろ》は、パン・牛乳・野菜を多くして米飯を減らした食事療法を試みる。この暗中模索の治療の結果、脚気の症状が緩和される。脚気は、欧米の軍隊にはない病気である。そこで、兵食を西洋式に改めることを提案した。

ところが、森林太郎は、「日本兵食論大意」により、真っ向からこの提案に反対する。この論説は、巻頭の「東洋人民ノ食ハ其品類許多ナレトモ、其常食ハ魚米ナリ。西洋人民ノ食ハチエレアリエン（麦ノ類）ヨリ製シタル蒸餅《パン》ト牛羊豚等ニシテ、魚ト米トハ其稀ニ食スル所ナリ」という文章に始まる。そして、「我邦ノ土地ハ米ヲ種《う》ユルニ宜《よ》シ。（中略）米ニ於ケルガ如ク簡易ナル者、他ニ其例少シ」とあり、「或ハ曰ク、米ヲ輸出シ、他ノ穀類及ビ食獣ヲ輸入スルトキハ如何ト。是レ理ナキニ非ズ。然レトモ、此ノ如クナレバ我邦人民ノ生活ハ永ク外人ノ手中ニ在リ是レ忌ム可キナリ」と続く。

森は「日本兵食論大意」の中で、これまでの日本人の食事、すなわち、米飯が西洋食より有利と主張する理由として、①日本人は小柄であるが、筋肉の発育や体力は西洋人に劣っていない。②西洋食を調理する機械（パン焼き窯など）は、海軍の軍艦の中には備えやすいが、陸軍の戦場では難しい。③陸軍の兵員数（五万人）は、海軍（五〇〇〇人）の一〇倍もいる。陸軍の全員に、短時間で西洋食を支給することは容易でない。④陸軍の新兵は、もともと米食に慣れている。西洋食に切りかえると、さまざまな問題が生ずる。たとえば、栄養価も異なるし、消化のメカニズムも同じでない。⑤米飯・魚・豆腐・味噌の組み合わせによ り、たんぱく質や脂肪は十分に補える。日本食で、栄養的に劣るような問題はまったくない、と主張したのである。

その結果、陸軍は、西洋食を不採用とし、脚気を予防する麦を混ぜた米飯が中心になった。反対に、海軍はパンと西洋食を取りいれて、日清戦争や日露戦争を戦っている。その後の歴史の跡を振りかえると、陸軍が海軍と同じような西洋食を採用していたなら、第二次世界大戦は異なった展開になったはずだとする説もあるのである。

「日本兵食論大意」が、日本の兵食に与えた影響は、きわめて大きくはかりしれない。西洋食中心の海軍では、パンよりも米飯をという欲求不満が、兵士のなかに強く出たともいう。食事の内容についても、陸軍と海軍の考え方には大きな違いがある。その後の脚気対策は、どのように展開したのだろう。ちなみに、一九一〇年（明治四三）に、鈴木梅太郎《すずきうめたろう》は、米糠《こめぬか》からB_1を抽出する。不可思議な脚気の原因は、精白米によるビタミンB_1欠乏であることがわかった。

都会派対農村派

伊東昌輝『南蛮かんぬし食物誌』（一九八三年）によれば、ドイツ語で書かれた森林太郎の論文のなかに、日本語の発表にはない重要な指摘があるという。伊東によると、日本人はヨーロッパの文化を摂取するのを急ぐあまり、その長短や、日本へ適応の可否をよく検討しないうちに実行してしまう。古い物はなんでも捨ててかえりみず、新しいものには前後のみさかいなく飛びついているのはどんなものだろう。数百年来良いとされてきた風俗習慣には、かならず何か優れた良い点があるに違いなく、そうでなくてはそんなに永続きするはずがなかったということをけっして忘れてはならない。

とあるという。今日の私たちにもなお耳の痛いことばである。

森だけではない。明治も半ばになると、初期の頃のような猫も杓子《しやくし》も文明開化、欧風化一辺倒の思想にかなりの反省が出てくる。西洋の文化は、すべての面で日本より優れているわけではない。日本のよき伝統を捨てるな、との反省である。「温故知新」ともいえる。その結果は、後述するように、「和魂洋才」の方向に動いていく。

米飯を主張した森林太郎の兵食論を、肉食の奨励と普及に徹した、福沢諭吉の思想と比べてみよう。福沢の肉食論には、日本の農業の在り方や米作廃止論がからんでいる。①日本の国土は耕地が狭いので、農業を国の基盤とすべきではない。②米の不足分は、外国より輸入すればよい。③むしろ、米飯よりも肉食を重視する方が得策である、とする。

二つの思想の違いには、欧化主義に徹した肉食奨励と、伝統的な米飯にこだわる米飯優位論がある。すなわち、「都会派」と「農村派」の違いである。都会派は、欧米の近代化に追いつき追いこすためには、すべての点で欧米を見習うべきである、そのためには、水田を廃止しても、牧畜を盛んにすべきである、と主張する。農村派は、水田稲作は牧畜よりはるかに優れていると強調する。両者の立場は、極端な欧米化主義と日本の伝統の再評価である。

このような対立が生じたのは、欧米人と比較して、①体格の貧弱さへの劣等感、②肉食の方が栄養的に優れているとする判断、③腹持ちのよい米食の優位性、④炭水化物の過食、⑤たんぱく質摂取の必要性、等々の考え方が、混線状態におちいった結果であろう。

実際には、これらを折衷した「和魂洋才」が、日本の近代化を推進することになる。庶民は、本格的な西洋料理にとらわれることなく、米飯に最も適応した和洋折衷の「洋食」をつくりあげていくのである。したがって、米飯はパン食に切りかわらず、独特の「あんパン」が登場してくる。そしてついには、「とんかつ」が洋食のスターとして出現する。日本の食の文化の特異性を知る上で、最も興味のある点であろう。

5　西洋料理の正統

西洋料理と洋食

すでに述べたように、政府や知識人による肉食奨励により、庶民の間に、牛鍋やすき焼きへの関心が高まっていった。一方、本格的な西洋料理の導入も始まった。そして、明治二〇年代の「鹿鳴館」以降になると、日本独特の和洋折衷型の「洋食」がしだいに広まっていくことになる。この節では、文明開化と本格的な西洋料理を中心にふれてみよう。

ところで、「西洋料理」とか、「洋食」という言葉は、今日でも日常の会話のなかで、無意識に使われている。これらは同じものなのだろうか、どこかが違うのだろうか。調理や料理の多くの本には、「洋食とは、西洋料理の別称」とあり、まったく同じものと説明している。しかし、「西洋料理には、本格的なものと日本式西洋料理がある」と区別するものもある。この場合は、本格的な西洋料理と、和洋折衷型の洋風料理（本書でいう「洋食」）とは異なるものとしている。本書はこちらの立場に立っている。

現代に生きる我々は、変化に富んだ世界中の料理を、和洋中華の折衷料理として享受《きょうじゅ》している。先人たちは、洋風・中国風の料理を、日本料理のなかに巧みに取りこみ、吸収・同化してきたのである。これらの料理を同質と見るか、異質とみるかにより、このような解釈の幅ができる。

幕末に、五回にわたって欧米に派遣された使節たちは、「洋食」という文字を日記の随所に書き残している。「塩分が少なくて油臭い洋食は食べられない」「食塩・醬油・酢・カラシ・コショウが食卓にあっても、日本のものとは異なり当惑の限りである」「洋食は、塩味の濃い和食に比べると、何とも奇妙な味の食べ物である」などとある。この場合の洋食とはもちろん、プロローグでも触れたように、「和食に対する西洋の奇妙な食べ物」という意味になる。

一方、本格的な「西洋料理」を定義すると、アメリカ・イギリス・イタリア・フランスなどの欧米各国の料理の総称である。しかし一般には、一七〜一八世紀に、宮廷料理として確立したフランス料理が中心になるだろう。

「西洋料理」と「洋食」の違いについて、ここで見方を変えてみよう。結論を先に言えば、パンと合うのが西洋料理であり、米飯と合うのが洋食だと筆者は考えている。結婚式の披露宴が、豪華なフランス料理のフルコースだったとする。客は黙っていても、ロールパンが運ばれてくる。「パンが嫌いなので米飯にして下さいませんか」と頼むことはまずないだろう。

ところが、レストランで、ハンバーグ・ビーフステーキ・エビフライなどの一品洋食を注文すると、「パンになさいますか、ライスになさいますか」と、必ずきいてくる。世界中のレストランで例をみない、日本でしか通用しない奇妙な質問である。なぜであろうか。筆者なりに意訳すると、西洋料理的に召し上がるのでしたらパンですが、ライスで洋食的になさいますかという、二つに一つの選択を客が決めているのである。もしそうなら、かつライスがあり、かつサンドがあるのは、どのように説明したらよいのだろう。日本の食の文化のおもしろさである。

すなわち、和風鍋に牛肉を入れ、味噌・醬油・砂糖で調味した牛鍋やすき焼きは、米飯に適合した和風料理である。なじみにくいバター臭い西洋料理を、和洋折衷型の料理に作りかえた庶民の知恵である。とんかつ・コロッケ・カレーライスなどの一品洋食になると、もはや西洋料理とは別物になっている。

柳田國男の『明治大正史 世相篇』に、「洋食は全く牛鍋商売の手引きの下に、やっと日本にお目見えをしたと言ってさしつかえがない。膳に庖丁を載せるだけは新機軸であっても、食べ方こしらえ方に至ってはこちらのもので、いわゆる一品料理の出現は悠々自適であった」とある。洋服と同じように、洋食は、発端から十分に日本化した食べ物であると柳田はいう。本書では、本格的な「西洋料理」と、日本人が作り出した「洋食」とは、別個の料理として話を進めていくことにする。となると、「あんパン」も、「とんかつ」も、正しく、先人たちがつくりだした、和洋折衷型の日本の洋食にほかならないのである。

西洋料理発祥の地、長崎

さて、本格的な西洋料理は、どのように日本に入ってきたのだろうか。日本最初の西洋料理は、ポルトガル船が長崎や平戸にもたらした南蛮料理である。当時の人々は、牛肉・豚肉、ハム・ソーセージ、バター・チーズ、パン、油料理などの異国の変わった素材や食べ物や調理法に、びっくり仰天したに違いない。

しかし、ルイス・フロイスの『日本史』（一五四八年〔天文一七〕）によると、牛肉や卵などのヨーロッパ人の食べ物が、日本人の間で喜ばれはじめているとある。

一七世紀頃になると、西洋の食べ物が、長崎地方の上流社会や豪商の間に、かなり普及しはじめる。クシイト・ヒカド・ヒリョウス・テンプラ・パステイル焼き・カルドース・ゴーレン・ボウル・カルメイラ・カステイラ・ビスカウト・パン・コンペイトなどである。この頃に、西瓜《すいか》・カボチャ・ジャガイモ・トウモロコシ・唐辛子《とうがらし》・イチジクなどが伝えられ、日本人の食卓はさらに豊かになる。この頃の資料に、「パンは、ムギ粉で焼く。にぎりこぶし大の琉球芋のようなもので、オランダ語でブレード・パンという」と説明してある。

長崎出島のオランダ正月には、牛脇腹油揚げ・野鴨全焼き・ボートル（バター）煮・阿蘭陀菜《おらんだな》など、豪華な献立が並んだと『長崎名勝図絵《ながさきめいしょうずえ》』（文政年間〔一八一八〜三〇年〕初期成立）にある。長崎奉行所の役人たちは、この祝宴に招かれ、ギヤマンの杯《さかずき》に異国の酒を満たし、西洋料理のご馳走を満喫している。図8は、出島のオランダ屋敷の「花月蘭人遊餐図」を示す。

出島のオランダ屋敷には、二人の日本の料理人が雇われ、コックと呼ばれた。『平戸オランダ商館の日記』に、パンを焼き料理を作る料理人として、ヨスケ（yoske）という名前がみえる。磯野信春の『長崎土産』（一八四七年〔弘化四〕）に、「庖人《りょうりにん》コック」という記述があり、オランダ語が定着して、そのまま今日も使われている。

幕末になると、外国人の来航が活発になる。一八五七年（安政四）には、日本料理店で西

図８　「花月蘭人遊餐図」（長崎歴史文化博物館蔵）

洋料理店を兼業する動きがみられ、長崎の「先得楼」「迎陽亭」「吉田屋」がさきがけとなった。一八六三年（文久三）に草野丈吉は、長崎に日本で初めての西洋料理専門店を開店したという。オランダ総領事の下で、コックの修業をした人である。自宅の六帖一間を改造して酒樽を二つおき、「良林亭（後の「自由亭」）」と称し、客は六人を限度として、「料理代　御一人前金参朱ご用のお方は前日に御沙汰願上げます」と看板を出す。今日の価格に直すと、一人前二万円弱の高価なもので、とても庶民の懐で間に合う値段ではない。しかし、長崎奉行所の高級役人や、外国人の接待用として繁盛したらしい。

　明治になると、草野は、五代友厚《ごだいともあつ》や後藤象二郎などの援助をえて大阪に進出し、一八六九年（明治二）に、本格的な西洋料理の店「自由亭」を開店する。長崎では、中村藤七による「福屋」「藤屋」などが続々と開店する。この福屋が長崎で最初の西洋料理店とする説もある。長崎に日本最初の洋式病院を創立したポンペは、病人食に西洋料理を取りいれる。松本良順《まつもとりょうじゅん》も西洋食を健康食であると評価する。

長崎市内のグラバー園内には、長崎の自由亭が移築されていて、当時のナイフ・フォーク・西洋皿などを見ることができる。その近くには、「西洋料理発祥の碑」が建っている。「わが国西洋料理の歴史は、十六世紀中頃ポルトガル船の来航に始まり、西洋料理の味と技は鎖国時代、唯一の開港地長崎のオランダ屋敷からもたらされた。一八〇〇年代にいたり、横浜、神戸、函館などが開港され、次第に普及し、更に東京を中心に国内に大きく輪を広げ、日本人の食生活に融和され現在の隆盛となった。ここに西洋料理わが国発祥を記念してこの碑を建てる」とある。

横浜大夜会の惨状

このようにして、長崎に西洋料理の基盤が築かれたのをはじめとして、神奈川・函館・神戸・新潟の開港場では、外国人居留地を中心に急速に西洋料理が普及しはじめた。函館の大町重三郎は一八六九年（明治二）に「カネ十《じゅう》」、若山惣太郎は一八七九年（明治一二）に「五島軒」を開店する。「カネ十」の開店は一八五九年（安政六）以前とする説もあるが、いずれにしても函館の西洋料理店の元祖である。神戸に一八六九年（明治二）に「月下亭」、さらに新潟に「イタリヤ軒」が、仙台に「ブラザー軒」、米沢に「松川」が開店する。

横浜では開港した年の一八五九年（安政六）に、初の洋風ホテル「横浜ホテル」が開業する。オランダ人経営の外国人向けのもので、おいしい西洋料理に重点がおかれる。長崎から出てきた大野谷蔵は、一八六九年（明治二）に「開陽亭」を、崎陽亭利兵衛は、一八七二年（明治五）に「崎陽亭」を開店する。二人とも長崎出身なので、同一人物ではないかとする説もある。

日本で最初のフランス料理は、一八七六年（明治九）に、横浜の「グランドホテル」が始めたとされる。それまでの西洋料理はイギリス料理一辺倒で、スープから始まり、必ずビーフステーキを加えている。フランス料理では、オードブル↓スープの順になった。

一八七九年（明治一二）の六月におこなわれた横浜大夜会は、西洋料理による初めての立食パーティーであったが、戦場のように混乱をきわめたといわれ、「沢山の蟻が少ない食べ物に群がったような風景」と伝えられている。列席者の数の割に西洋料理の品数が少なく、調理の仕方も十分でなく、ビーフテッキが出た、ジャガタラ芋が出たと、ナイフとフォークをもって、紳士淑女が駆けずりまわったらしい。肉を獲得した者は、嚙む暇もなく飲みこんださまが、「肉口に入れば舌にてうけ、直ちに喉に嚥下《えんげ》することと、恰《あたか》も鵜《う》の鳥を見るが如し」と、『東京日日新聞』が伝えている。

文明開化発祥の地、築地

東京の西洋料理店の動きをみていこう。

三河屋久兵衛は明治初年、神田に西洋割烹店の「三河屋」を開店する。西洋割烹の元祖とする説もあるが、開店年次は、明治初年頃としかわかっていない。柳河春三《やながわしゅんさん》の草した開業引札《ふだ》が知られている。森有礼や福沢諭吉などが結成した明六社の会合は、この三河屋でしばしば開かれている。この店は、関東大震災まで続いたが、獣肉を取りあつかうのはけしからんといわれて、神田多町《たちょう》から三河町に移転する。一八七七年（明治一〇）頃の広告に、並三〇銭・中等五〇銭・上七五銭とあり、メニューには、スープ・牛肉鳥類・サラダ・ライスカレー・コーヒー・ミルク・パン・バターなどの文字がみられる。

一八七三年（明治六）頃になると、庶民は牛鍋、新政府の要人や上流階級は、本格的な西洋料理の時代を迎える。采女町《うねめちょう》の「精養軒（西洋軒）」、築地の「日新亭」、南茅場町《かやばちょう》の「海陽亭」、麹町《こうじまち》の「四万軒」、上野の「精養軒」、九段の「富士見軒」が、続々と開店しにぎわいをみせる。

「精養軒」には、さまざまなエピソードがある。明治の初期には、宮内省に大膳部がなく、外国人接待用の西洋料理は、横浜より取りよせていた。仏光寺準門跡の用人であった北村重威は、岩倉具視に仕えて欧米の知識を得る。獣肉取扱いに反対する親族の意見を振りきり、一八七二年（明治五）に、丸ノ内馬場先門前に西洋料理店「精養軒」を新築する。ところが、開店の当日に、会津藩屋敷の失火により類焼する。北村はこの困難にもめげず、翌一八七三年（明治六）に、采女町に精養軒を再建する。一八七六年（明治九）には、上野公園明教院の鐘つき堂跡地に、別店を開店する。こちらの店は現在も盛業中である。

ホテルと西洋料理店の経営には、岩倉具視らの欧米視察の見聞が、くまなく取りいれられた。もう一つエピソードがある。海軍大臣の西郷従道《さいごうつぐみち》は、「海軍士官は、努めて精養軒の西洋料理をとるように」と、常日頃訓示をしていた。月末に、支払額の少ない士官は、呼び出されて注意を受けたらしい。世界各国との交際を、スムーズにおこなうための日頃の習練を期待したのだという。

築地に外国人居留地ができると、一八六八年（明治元）、清水喜助は、日本人による最初の本格的な外国人専用ホテルとして、二万三〇〇〇平米の敷地に、木造木骨の「築地ホテル館」を完成させた。当時の記事に、「普請《ふしん》の結構、目を驚かすばかりなり」とある。ところが五年後、京橋や築地一帯を襲った大火により焼失する。築地ホテル館のフランス料理は、フランス人により調理され、定評があったという。一八七一年（明治四）の天皇誕生日を祝賀したフランス料理のメニューが、最も古い欧文メニューとして現存する。

一八七七年（明治一〇）になると、築地に近い銀座に、「日本亭」「相生亭」「万国軒」「松風軒」「清新軒」が開店する。外国人居留地に近い地の利が利用されたのである。築地には、アメリカ・イギリス・ドイツ・フランスなどの商館や洋館が建ちならび、築地病院（後の聖路加国際病院）・聖パウロ学校（後の立教大学）・築地ホテル館・海軍兵学校・牛馬会社・築地商社などが林立する。築地が、「文明開化発祥の地」と呼ばれるゆえんである。東京市役所編の『東京案内』（一九〇二年〈明治三五〉）に、東京の日本料理屋は二〇七軒、西洋料理店は四二軒、中華料理店は二軒とある。しかも、日本料理店は、神田や日本橋の屋敷町と浅草・本所の下町に集中し、西洋料理店は、主に麻布・赤坂・四谷の高台部に分布していた。

西洋料理の知識の普及

ところで、テーブルマナーのまったく異なる西洋料理に、日本人はどのような苦労を重ねたのだろうか。西洋料理を調理したり、食べたりする習慣は、海外を知らなかった当時の日本人には、未知の世界であった。

そのような中で、西洋料理の知識をいち早く伝えたのは、福沢諭吉の『西洋衣食住』（一八六七年〈慶応三〉）である。福沢は、欧米視察から帰朝すると、片山淳之助のペンネームで、薄い小冊子を出版する。その「食の部」に「西洋人は箸を用いず、肉類その外の品々、大切に切りて平皿に盛り、銘々の前に並べたるを、右の手に庖丁を以て小さく切り、左の手の肉刺に突掛けて食するなり。庖丁の先に物をのせて直に口に入るるは甚だ不行儀のことと

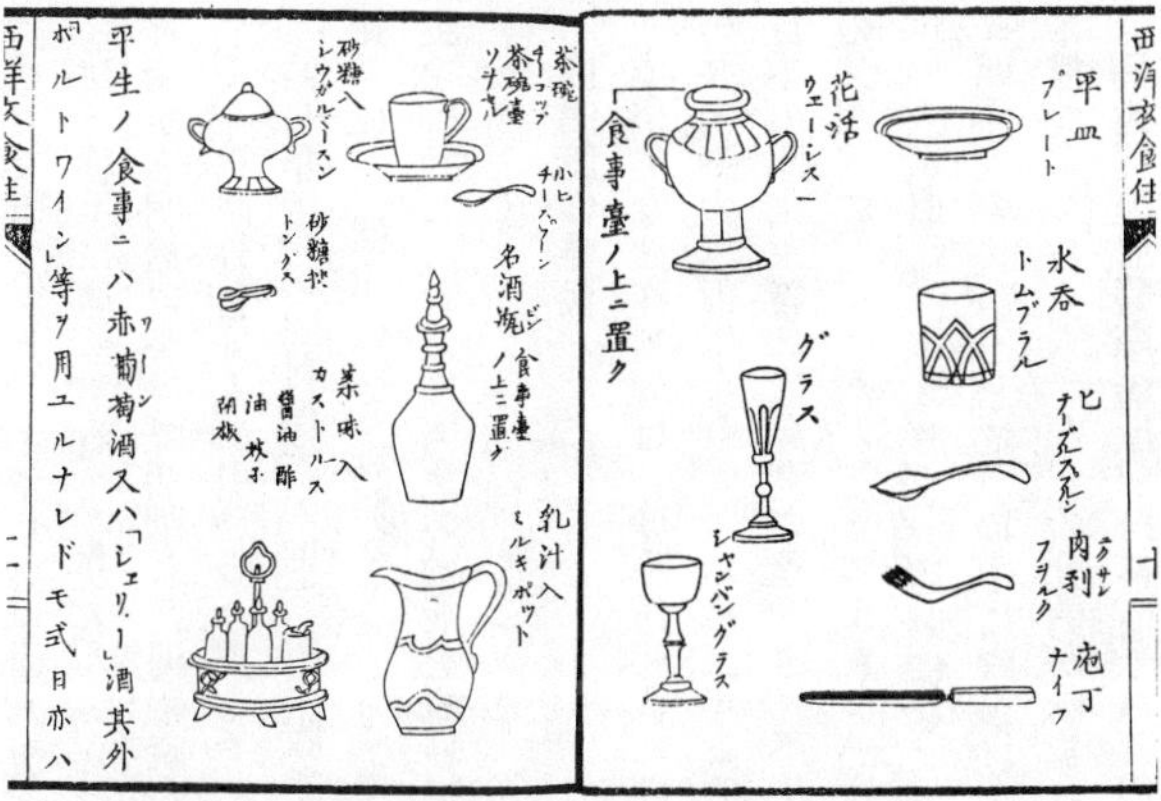

図９　西洋料理の知識を図入りで紹介する『西洋衣食住』

せり。汁物もやはり平皿に入れ、匙《さじ》にて吸うなり。汁ものその外、茶をのむにも、口に音をさすることも不行儀とす。此図は一人前の皿、茶碗などを並べたるところなり。大勢会食するときは、一つ食事台へ二〇人も三〇人も席を列《つら》ぬることあり。食事道具の名は次に記せり」とある。

パン・ポルトワイン・シャンパン・ビイール・ウイスキー・ブランディ・シェリーなどにも触れている。福沢が紹介して一〇〇年余、今日でもなお、日本の学生たちは、卒業前にフランス料理のテーブルマナーを学んでいる。図９は、『西洋衣食住』の図版を示す。

一八七二年（明治五）には、仮名垣魯文の『西洋料理通』、敬学堂主人の『西洋料理指南』が、ともに上下二冊の和綴じ本で出版された。日本で初めての西洋料理法を紹介した貴重な文献であり、イギリス料理の数々が記載されている。とくに、『西洋料理通』の序文には、横浜に居留するイギリス人がやとった、日本の料理人のための調理の手控帳とある。幕末から明治にかけて活躍した河鍋暁斎《かわなべきょうさい》の挿絵がおもしろい。西洋料理の調理法がわかりやすく、当時の料理人に引っ張りだこであったらしい。

同じ年に、『肉料理大天狗』が出版される。一八七五〜七六年（明治八〜九）頃の新聞や雑誌に、「健康を保ち衰弱を復するには、牛肉が最適」との記事が頻繁になる。旧来の日本食を批判し、新たに肉食の効能を説いている。

鹿鳴館の時代

本格的な西洋料理は、鹿鳴館時代に向けて、上流社会の間で隆盛をきわめていく。外務卿の井上馨の尽力により、一八八三年（明治一六）に鹿鳴館、翌年には東京倶楽部が完成し、日本の欧化主義は最高潮に達する。不平等条約を早急に撤廃したい、日本の社会を早く欧米の文明国に近づけたい。そのような熱意の中で、一にも西洋、二にも西洋であった。第二次世界大戦直後、アメリカ一辺倒になったのに似ている。しかし、庶民の間では、「むりをしに西洋人のまねをして、椅子に腰かけ脚気病む人」「ぜいたくな西洋料理食いすぎて、内の米櫃《こめびつ》からでおく人」などの狂歌が詠まれ、欧風化に走り過ぎるナンセンスを風刺していた。日比谷の旧薩摩藩屋敷跡に、一八万円を投じて鹿鳴館と呼ばれる純洋風の木造建物が出現した。その鹿鳴館の連日にわたる舞踏会や大夜会も、外国人からは「猿真似の三流趣味」「不格好な洋風ものまね」との悪評を受け、わずかに三年余で幕を閉じてしまう。そして、明治二〇年代の後半になると、本格的な西洋料理の店はまったく人気がなくなり、閉店するものが続出した。これは、外国人の間では評価されず、庶民には割高の高嶺の花で、テーブルを囲むわずらわしい食事作法が敬遠されたからである。

鹿鳴館が華族会館に衣がえし、オランダ大使館の料理人であった渡辺謙吉が、華族会館の料理長を兼務する。一八九四年（明治二七）から一九一〇年（明治四三）頃にかけて、当時は原野であった丸ノ内一帯に、三菱系の赤煉瓦のビルディングが続々と建設されて、周辺は欧風化された景観に一変する。そのなかの一隅に、渡辺は、松方正義《まつかたまさよし》・桂太郎《かつらたろう》・岩崎弥《いわさきや》太《た》郎《ろう》らの支持を得て、「中央亭」を開店した。これは本格的な西洋料理の巻き返しであった。この調理場からは、明治から大正・昭和期にかけて活躍した、多くの西洋料理人が輩出する。のちに渡辺謙吉は、日本女子大学校の家政科で西洋料理を教え、庶民への西洋料理の普及にも努めた。

「鹿鳴館」自体は失敗であったが、その連日の大宴会は文明開化のシンボルとして記憶され、宴会や外食の風潮が広がるという結果をもたらした。このあたりからも、「洋食」が芽生えてくる素地ができあがっていった。すなわち、本格的な西洋料理が衰退する明治の後半になると、一品料理屋・お手軽西洋料理屋が、庶民の間に台頭してくるのである。

一方、中国料理の動きは、どのようであったのだろう。一八七九年（明治一二）に、京橋入船町《いりふねちょう》に「永和斎」、一八八三年（明治一六）には、「偕楽園」「陶陶亭」が開店する。しかし、庶民の人気は今一つで、中国料理の普及が遅れた理由としては、本格的な素材が集まらず、油料理に庶民のなじみが薄く、しかも豚肉が敬遠されたためであった。日清・日露戦争後になると、中国料理も横浜・神戸・長崎の港町を中心に徐々に発展しはじめる。大正末になり、ラジオ番組の影響もあり、庶民の間に関心が高まる。しかし、中国料理の本格的な普及は、第二次世界大戦後まで待たねばならなかった。

洋食会

ところで、西洋食普及の契機の一つになったものとして、官公庁の食堂や、各地の洋食会の動きをあげることができる。例えば、一八七四年（明治七）の『時事新報』に、「慶応生徒西洋料理に舌鼓打つ」とある。慶応義塾の創設者は、肉食を奨励した福沢諭吉である。西洋料理人を置き、学生の希望により西洋風の肉食調理を始めたところ大好評となり、「断然米飯の因習を破るべし」と、気炎を上げている。一八八五年（明治一八）には、いち早く司法省に、西洋食専用の食堂が設置される。

一八八六年（明治一九）頃になると、外国人との交際の機会が多くなったにもかかわらず、西洋料理を食べ慣れずにテーブルマナーのわからない上流階級の夫人や令嬢を集めて、築地精養軒で、毎月三回の婦人洋食会が開かれる。当時の高木兼寛海軍軍医総監らの発案によるものである。さらに、一般庶民を対象にした肉食会や西洋食会が、和歌山や大阪など各地でブームになる。

日本人の体位向上のための肉食会もあった。一八八六年（明治一九）の『時事新報』によると、東京神田に洪養社ができ、日本人の体格や組織を一変させるために、精肉を廉価に売りさばき、会員を募集するとある。この頃には、庶民的な牛飯屋も現れた。一九〇一年（明治三四）には、東海道線に洋食専門の食堂車が連結され、官設食堂が営業を開始する。図10は、汽船の一等食堂の様子である。

第一次世界大戦後の戦争景気、その後の世界経済恐慌などの大小の波のあと、都市を中心に食生活の洋風化はさらに進む。柳田國男の『明治大正史　世相篇』に、「明治大正の新料理が、さらに何百種という変わったものを附加したのである。材料から言っても調理法から見ても、日本のように飲食の種類の繁多な国は、世界恐らくは無類であろうと思う」とある。あとでくわしくふれるように、西洋料理は、明治期を通じて、①初期の欧化主義の時代、②中期の吸収・同化の時代を経て、③後期の和洋折衷の「洋食」の時代になり、④大正・昭和の全盛期へ突入していくのである。

図10　汽船の１等食堂（『風俗画報』第239号より）

滋養に富む西洋料理

明治も半ばを過ぎると、日本料理と比較して、西洋料理の長所が盛んに論じられるようになる。西洋料理の礼讃者は、「栄養価が高く滋養に富んでいる」とする。そして、普及した理由として、金子春夢の『東京新繁昌記』(一八九七年〈明治三〇〉)によると、①簡易である。②酒を好まない人も、日本料理の宴会のように、手持不沙汰にならない。③食べたいものだけ食べられる。④給仕・献酬・芸妓などのわずらわしさがない、とある。しかし、日本料理論者は、折詰にして持ちかえれると反発する。むかしの大名たちが、手をつけない料理を、御膳籠に入れて届けさせた名残りである。一方、西洋料理論者は、西洋料理は、夫婦一緒に招かれるから、より優れていると反論する。

さらに同書は、一般家庭に本格的な西洋料理が容易に浸透しない理由として、①高価である。②座式の生活様式になじまない。③食器や調理器具などが異なり扱い方がわからない。④日本食には、古来からの民族的な根強い習慣がある、とする。こうしたところにも、米飯に適合する簡便な和洋折衷型の「洋食」が、歓迎されるようになる素地があった。明治の中頃になると、家庭料理雑誌の出版が盛んになり、牛豚肉料理・フライ・油料理などが、家庭でも容易に作れるようになる。後期になると、調味料として洋風ソースが普及し、後述するように、いよいよ「洋食」の出番が近づいてくる。

欧米の家庭の食事をのぞく

西洋料理を紹介する、少しばかり興味をひく記事がある。福沢諭吉門下生の矢野竜渓《やのりゅうけい》による、欧米の家庭の食事についての見聞である。

一八八六年（明治一九）の『郵便報知新聞』によると、「西洋は朝の起き方通例あまり早からず故に朝飯（ブレックファースト）は大抵九時前後、夫《それ》より一時二時の間に昼飯（ランチョン）、七時八時の間に夕飯（ディンナー）が通例、此外夜食（サッパー）と申す十時頃に用ゐ、近来仏国より始まり来りたる風なりとて、五時の茶と申す事大分に流行し、今は中等の家まで多く之を用ゐ、是は昼飯と夕飯との間、五時に茶を呑むことにて、腹加減には恰《ちょう》度《ど》の処《ところ》なり、但是の茶を用る時は、少々心して夕飯を延ばすは台所の作略にあり、世帯の婦人同士にありては、是の五時の茶の折を目指して相訪《あいおとず》問れ、共に茶を飲みながら、四方《よも》山《やま》の話をなすなぞの工合尤も妙なり。扨《さて》食事の献立は、朝食は先づ塩漬けの豚を煎りつけたるウデ玉子、麪包《パン》、バタ、茶若《もし》くはカフヒー等なり。或は豚の代りに乾魚を用る事どもあり。又胃の工合によりては、茶と焼麪包《トースト》、ウデ玉子位にて間食せざる事もあり。昼食は大抵昨日の夕飯に残りたるロースト・ビーフ（焼き牛肉）の温かきに馬鈴薯《ばれいしょ》のウデたる位を添ゆるを常とし、然らざれば何か魚の天麩羅《てんぷら》（フライド・フィッシュ）でも用るなり」とある。

当時の欧米の家庭の食事の内容を、正確に捕らえた観察ぶりに、たいへん興味を引かれる。このあと「イタリアの愛」「フランスの愛嬌」「イギリスの唇」などの記事が続く。

ところで、当時の日本人はたいてい欧米崇拝におちいっており、欧米の食事は、ふるくから「近代化」されていたと錯覚していた。実際には、日本の明治期よりわずか百数十年ほど前までは、ナイフもフォークもない手づかみの不作法ぶりであったのだ。欧米の庶民が、ナイフ・フォーク・スプーンを用いはじめるのは、一七世紀末から一八世紀にかけてのことであったからである。

第三章　珍妙な食べ物、奇妙なマナー

1　肉アレルギー

肉皿はそのつど破棄

さて、前章までに述べたように、西洋料理はしだいに日本人に浸透しはじめたのであるが、なにしろ一二〇〇年にもわたって経験がなかったことであり、それに振りまわされた明治の人々の姿は、滑稽でもあり悲壮でもある。肉食が軌道にのってゆくまでに、さまざまな珍談や奇談が、各地で起こり繰りかえされた。珍妙な食べ物、奇妙なマナー、変てこな料理の横行である。文明開化に戸惑いながらも、人々はいずれも真剣に取りくんでいた。

すでに言及した中川嘉兵衛であるが、そのエピソードを少しくわしく紹介しておこう。中川は、高輪東禅寺のイギリス公使館に納める牛肉を、横浜のアメリカ八五番館の牛肉店から仕入れていた。運搬車や貨物列車がまったく利用できず、冷蔵や冷凍技術のない時代である。生肉を肩にかつぎ、歩いて運んでいた。その不便さ、困難さを解決するには、どうしても牛肉処理場の設置が必要である。一八六七年（慶応三）に中川は、武蔵国荏原郡白金村に、念願の処理場を設けようとするが、土地を貸す者がいない。幸いに、祖父に当たる名主の堀越藤吉に頼み込み、邸内の畑の一部を借りうける。

肉食により心身がけがれると信じていた頃であるから、牛の解体となると並々ならぬ苦労の連続である。処理場の周囲に青竹を四本立て、御幣《ごへい》を結び、しめ縄を張り、そのなかに牛をつないで掛矢《かけや》（木づち）で命を絶った。その後の処置が、また大変である。ほんの上肉だけを削りとり、残りは深い穴を掘って埋め、お経を上げて清める。三〜四頭を解体するうちに、いくら名主の土地でも、我慢のできない村民から抗議が出はじめる。

堀越は、東奔西走して新しい土地を探し求め、葦《あし》が茂る人里離れた大森海岸に処理場を移転する。獣の処理にもちいた道具、獣肉を煮炊きした鍋、盛りつけた皿などはそのつど破棄した。

このようにしてやっとの思いで処理場を確保し、江戸高輪に牛肉店を開店したのだが、日本人の客はまったく現れない。中川は、苦心の末に、慶応義塾の学生に売りに行く。生肉は腐りやすいので、細切りの佃煮《つくだに》にする。牛肉の佃煮を、竹の皮に包んで持ちあるく。慶応の門を入るときには、門番がカチカチと切り火で身を清める。賄《まかな》い所に入ることは許されず、窓のところから互いに手を出しあって、銭五〇〇と牛肉の佃煮を引きかえる。これを見ていた他の出入り業者は、「我々は、月末払いの商売なのに、牛肉屋は日銭が入る」と、逆に羨《せん》望《ぼう》の眼でみられる始末。この頃の牛肉は、解体の後に血を絞りだすことができず、煮炊きしても獣臭が強いものであったらしい。

後に、堀越藤吉は、みずから中川嘉兵衛の跡目を相続し、露月町に念願の牛鍋屋「中川屋」を開店する。この店も、当初は客が入らなかったのだが、その経緯は先に述べたとおりである。

食べる方の苦労

このような苦労は、獣肉を供給する者だけではない。食べる方の者にもあった。福原康雄の『日本食肉史』（一九五六年〈昭和三一〉）によると、『武士の娘』を著した杉本鉞子《すぎもとえつこ》（長岡藩家老稲垣平助の娘）の家では、肉を煮るときに大変な騒ぎをした。家のなかでの煮炊きはできず、屋外に別の鍋を持ちだし、けがれが他の場所に及ばないようにする。その情景について記者の柳川麗子は、「刀自《とじ》（杉本）が八歳の頃であった。ある日学校から帰って見ると、何かただならぬものがあった。そして女中が仏間の中にどっしり据えられている金色に光る仏壇の扉に、日本紙で目張りをしているところだった。よく事情を聞いて見ると、祖母君は『お父様が家の中で牛肉を食べようとおっしゃるんだよ。何でも異国風の医学の勉強をなさったお医者様が、お肉を頂けばお父様のお身体が強くおなりになるし、お前も異人さんのように丈夫な賢い子供になれるとおっしゃったそうでね、もうすぐ牛肉が届くということなので、こうして目張りをしているところなんですよ』と、世の中が変れば、こんなにまで変った出来事にあわねばならぬかと、祖母君のなげきは大きく、遂にその日は夕食の席には姿を見せなかった」と描いている。杉本は、この時のことを思い出して、「姉と私は、二人でそっとお肉のおいしかったことを話合いましたが、他の誰にもそんなことは申しませんでした」と語っている。

牛肉を庭先で煮ることは、珍しくなかったらしい。これも『日本食肉史』によると、肉食が大好きだった牧野《まきの》富太郎《とみたろう》は、肉食が忌み嫌われていた幼時をふりかえって、大要次のように語っている。「牛肉屋などはなかった。イノシシやウサギは食べていたようだ。九～一〇歳の頃、寺子屋に通っていた時代であったと思う。その明治三～四年の頃に、四国の土佐の郷里で、牛肉を売りにきた男がいた。恐らく、病死した牛の肉だろうが、『お薬喰いはいりませんか』と、小声で家人に話しかけていた。家人が肉を密かに買うと、庭先に藁筵《わらむしろ》を引き、コンロも鍋も火も別にして、野天で煮て食べた。家人は薬になるからと、壺のなかの肉片を一～二切れ食べていた。その牛肉が余りにも美味しくて、今日でも忘れずにいる。市中に牛肉屋が開店するのは、ずっと後のことである」と。

滝川政次郎《たきかわまさじろう》は、『日本社会経済史論考』（一九三九年〔昭和一四〕）のなかで、小学生時代の肉食の思い出を語っている。殺生戒を犯して牛肉を食うことは、かなりな罪悪感があった。小学校三年生の夏休みに、母の郷里の大和郡山に遊びに行ったときのこと、仏間にすき焼きの臭いが入らないように、母屋《おもや》の台所を避けて、別棟の稲屋《いなや》に七輪を持ちこみ大人たちが食べていた。「仏教伝来以来、千数百年にわたって養われた慣習は、そう安々と洗滌し得るものではない」とある。

2　テーブルマナーがわからない

ナイフ・フォークで口の中は血だらけ

西洋料理を食べるとき、ナイフとフォークを使うには、まさに決死の勇気が必要であった。横浜の「開陽亭」の大野谷蔵は、開店当時の思い出話を語る。西洋料理を食べにきた客が、箸がないために使ったナイフとフォークで口のなかを切り、血だらけになって悪戦苦闘する。スープの飲み方もわからない。平皿を手に持ち、味噌汁のように皿から直接吸ったところ、胸から膝にかけて熱いスープを浴びてしまう。ナイフに肉片を刺したまま口のなかで頬張り、ナイフを引き抜いたら、唇を切って血を流すなどの珍事が、毎日のように起こった。

服部誠一の『東京新繁昌記』（一八七四年〈明治七〉）にも、同じようなテーブルマナーの間違いが出ている。肉を食べるときに、左手に箸を持ち、右手にナイフを握り、ナイフで肉を切り箸で突き刺して食べている。

明治期の人々にとって、正しいテーブルマナーを身につけることは、なかなかの難問であった。『新撰和洋料理精通』（一九〇一年〔明治三四〕）によると、「洋食マナー一九箇条」がある。私たちからみて、首を傾げたくなる項目もあるが、ほとんどは今日も十分に生かせるテーブルマナーである。西洋の三五条の禁則から、一九の項目を取り上げている。

一　会食の節は大口を開き、又、大口に食品を充満ならしむべからず。
二　大声を発し、又、左右前後を見回すべからず。
三　食品を嚙むに口を開き、又、馬の秣《まぐさ》を嚙むが如き音をさすべからず。
四　食品を嚙みながら談話すべからず。
五　倉卒《そうそつ》（あわただしいさま）に食ふべからず。
六　食品大なりとて、無理に口中に銜《ふく》むべからず。
七　歯牙《しが》の間に肉類等の欲《はさま》りしとて、指を口中に入れて捜《さぐ》るべからず。
八　食残しの肉類等嚙みちらしたるままに、再び皿に入るべからず。
九　包丁叉手《ナイフフオーク》等を舐《ねぶ》るは見苦しきことなり。決して之を為すべからず。
一〇　牛酪《バタ》は己が欲する程一度に取りて、皿の傍《わき》に置き幾度《いくたび》も取るべからず。
一一　羹汁《スープ》は左の手を皿の縁にかけ、右の手に匙を持ち掬《すく》ひて吸ふべし。又、匙より吸ふに、匙の横より吸ひ必ず手を前に出し、匙の尖《さき》を口中に向けて吸ふべからず。

一二　食品の中汁《うちしる》のあるものにして、其汁を吸はんとするときは、皿に口をつけず、又、匙を用ひず、必ず麵麭《パン》に浸して食すべし。
一三　漫《みだり》に食品を貪《ほ》むべからず。
一四　牛酪《バタ》を取るに、己の包丁《ナイフ》にて取るべからず。是は牛酪を取るべきものあることなれば、それにて取るべし。
一五　食品の中彼是《かれこれ》と好みだてすべからず。又、己の好まぬものなりとて、言葉に発すべからず。
一六　身体は正しくして、不行跡《ふぎょうせき》の事あるべからず。
一七　漫に起居《たちい》すべからず。
一八　欠伸《あくび》などするは失敬なり。
一九　卓子《テーブル》の下に脚を伸して、対客の脚に触るることあるべからず。

馬肉と牛肉を見分ける

牛肉の需要が増えてくると、とんでもない事件が起きる。一八九〇年（明治二三）に、東京で、馬肉を牛肉に混ぜて売る業者が摘発される。警視庁は、市内の肉屋の検査にのり出す。このような悪徳業者は後を断たず、安い牛鍋には馬肉が混入された。そこで、馬肉と牛肉を、簡単に見分ける知恵者が出てくる。皿に盛られた肉を壁にぶっつけて、付着しやすいのが馬肉だという。この噂話に、牛鍋屋で試す若者が続出する。

夏目漱石《なつめそうせき》は、どこからかこの話を聴いてきて、よほど興味を持ったものと思われる。『三四郎』（一九〇八年（明治四一））のなかに、そのまま取りいれている。三四郎が、クラス会に出席したときの情景である。「三四郎は熊本で赤酒ばかり飲んでいた。（中略）たまたま飲食店へ上がれば牛肉屋である。その牛肉屋の牛《ぎゅう》が馬肉かも知れないという嫌疑がある。学生は皿に盛った肉を手攫《てづか》みにして、座敷の壁へ抛《たた》き付ける。落ちれば牛肉で、貼付《ひっつ》けば馬肉だという。まるで呪《まじない》見た様な事をしていた。その三四郎に取って、こう云う紳士的な学生親睦会は珍しい。悦《よろこ》んで肉刀《ナイフ》と肉叉《フオーク》を動かしていた。その間には麦酒《ビール》をさかんに飲んだ」とある。

新聞の報じた珍風景

西洋料理に関わりのある珍事件が、連日のように新聞に出た。メニューを見ても、よくわからない。コロッケやステーキが、どういう食べ物かわからない。当てずっぽうに注文して出てきた料理に、目を白黒させる。筆者もかつてアメリカで、このような経験をしたことがある。初めてのメニューが読めずに、隣で食べている人と同じものを頼んだところ、フルコースであったという大失敗であった。

当時の新聞や雑誌から、西洋料理の風景を拾ってみよう。

たとえば、一八七六年（明治九）の『東京曙新聞』に、「上野精養軒に芸者」という見出しで、午後三時頃から、柳橋《やなぎばし》の芸者四人が箱屋（三味線持ち）を引き連れて、上野の精養軒にやってきた。その西洋料理の食べ方が騒がしく、「追々には芸者も娼妓も猫も杓子もやらかすようになりましょう」とある。

一八八五年（明治一八）の『東京日日新聞』に、東京新橋の和洋料理の「太田楼」が、新しいサービスを始めたとある。畳を敷き手焙《てあぶり》の火鉢を備えた座敷で、洋風の料理が食べられる。小児連れの婦人にも便利とあり、サービスのよさを強調している。

一八八七年（明治二〇）の『時事新報』に、近頃、洋食が大流行し西洋料理店が増えている、コックが少なく引き抜き合戦が盛んである、互いに賃金を吊り上げて、「甲が十五円を与うれば、乙は二十円を与えんと言い出し、雇い主の間に競争を生じたり」とある。同じ年の雑誌『めさまし草』に、「洋服を着て、会席料理を食ふ客あり。三尺帯で西洋料理を食ふ客あり。十人十色の人の口、日本の料理ばかりにては、お客の不便自家の不利と、今度日本橋通四丁目の巴屋にては、新たに西洋料理店を造りました」とある。

肉食が庶民の間にかなり普及した一九一五年（大正四）の『読売新聞』に、「洋食と日本食」という見出しがある。当時の結婚披露宴には、西洋料理の人気が高まっていて、新郎と新婦はナイフやフォークを使って食べているが、舅《しゅうと》と姑《しゅうとめ》は口に合わずマナーもわからず、日本料理を運ばせて箸で食べている。この頃の披露宴でよく見られた珍風景である。

3　怪しい西洋食

インチキ料理

珍妙な食べ物が、続々と登場したのも、文明開化の陰画であろう。混乱に乗じてのさまざまなインチキ料理が横行した。卵黄を燻製《くんせい》にしたからすみ、ひき蛙の焼き鳥、ウサギの親子丼、ヒンヒンのステーキ、ワンワンのソーセージ、豆の粉のおろしワサビなどである。バレましたかといわんばかりの混乱ぶりである。

一八七一〜七二年（明治四〜五）頃に、東京浅草瓦町《かわらまち》の会円亭恭次郎は、引札に「西洋茶漬」と書いて客の目を引く。「御膳付御壱人前六匁五分、オムレットは玉子焼、ビフパンは日本牛鍋」とある。内容はよく伝えられていないが、和洋折衷料理のミックス弁当のような、ミックス茶漬ではないかと、『明治事物起原』にある。卵・牛乳を使った和食のたぐいであろう。明治の初年に、いち早く洋風の調理法を、和食に取りいれている。

こんな珍妙な菓子も出る。一八七七年（明治一〇）の『読売新聞』によると、東京上野《うえの》広《ひろ》小路《こうじ》の岡野金平は、牛肉を練りこんだ開化のお菓子を作り、勧業博覧会に出品する。牛酪糖・牛肉糖などと呼び、この開化先生は得意になり評判になる。同じ年に、柳橋に「やまとだね西洋料理」が現れる。魚・鳥・肉・野菜などの素材を、西洋風の調味で煮込んだもの。

上等五〇銭、中等二五銭とある。どんな味がしたのだろう。想像もできないが、和洋折衷料理の走りと見られる。

一八七八年（明治一一）に、東京の浅草田圃《あさくさたんぼ》の「平野亭」が、「牛肉ソップ（スープ）の配達」という珍商売を始める。屑肉《くずにく》に骨を混ぜた独特の方法により、獣肉の臭気を取りさり、婦女子にも向く栄養食品で、注文により毎朝配達するとある。この牛肉店からのスープの配達は、間もなく中止となるも三年後に再開している。配達慣れした洋酒店が、牛乳と一緒に配達を始める。病人の滋養物として、病院で人気があったらしい。

箸対ナイフ・フォーク

明治も三〇年代になると、家庭料理雑誌に、和洋折衷料理が頻繁に紹介される。極端な組合せによる料理もある。一九〇三年（明治三六）の『家庭之友』の豚肉料理に、粉つけ豚・醬油豚・豚そぼろ・豚かまぼこがある。「粉つけ豚」とは、豚肉を醬油・みりんで調味してから、コムギ粉をまぶして焼き、ゴマを振りかける。ショウガ焼きでもなく、とんかつでもない、ソテーのたぐいであろう。

『女鑑《じょかん》』（一九〇四〜〇五年〈明治三七〜三八〉）には、カレーの味噌汁・牛乳入り汁粉・ハムの粕漬・刺身のマヨネーズかけ・マスタードつきのカバ焼き・牛乳入りのマグロ山かけが紹介されている。『紀伊毎日新聞』（一九一〇年〈明治四三〉）に、和歌山の宴会料理屋が、ハムの切り方がわからず、マグロの刺身のように分厚く切っている、と出ている。同じ頃の『婦人之友』には、牛肉吸物・牛肉酢味噌あえ・牛肉飯・豚味噌汁・豚肉ぬた・豚肉刺身・豚肉茶巾しぼり・豚肉飯・豚肉サラダがある。

牛肉や豚肉を、あらゆる和風料理の素材にしている。多くの料理人が知恵を絞りだし、暗中模索をしている。どのような料理や菓子に仕立てたにせよ、どの話からも、明治期の人々のエネルギーが伝わってくるではないか。

しかし一方、こうした料理の乱れを嘆く声もまた上がってくる。――珍妙な西洋料理の氾《はん》濫《らん》により、日本料理までがまずくなった。西洋人と日本人の夫婦のようで、どこかしっくりしない。ご馳走というよりは滋養を強調し過ぎる。料理の概念が変わってしまった。たとえば、ドジョウのトマトシチュー・ミルクライス・牛肉の茶碗蒸し・サラダ入りおにぎり・うどんとカブのトマトソース焼きなど、考えられる限りの和洋折衷料理が、もっともらしく料理書に紹介されている。和洋折衷菓子も多く、ジャミあん最中《もなか》・レモン最中・チョコレートおこし・アンモニアまんじゅうなど、奇想天外なものまで現れている、等々である。

このような混乱ぶりの原因について考えてみると、和風素材を洋風に調理したり、洋風素材を和風に調味したり、素材・調理・調味の組み合わせを考案するなど、献立や料理法の和洋折衷化が盛んに試みられたことや、折衷料理を示す新語が料理雑誌を賑わしたこともあるが、最も決定的な要因は、天火《てんぴ》もフライパンもない台所では、このような調理法しかできなかったことにあるのではないだろうか。いずれにしても、日本料理と西洋料理が、互いに主役争いをしながら、奇妙なミックス料理を作りだしていたのである。

混乱のただなかの一九〇九年(明治四二)、雑誌『家庭』誌上に、箸とナイフ・フォーク論争を扱った「箸の会議」が掲載される。日本人の食事作法の混乱ぶりを皮肉にとらえている。漱石の『吾輩は猫である』調に、花ちゃんという飼い猫が、深夜に台所に行くと、箸たちがやかましく議論している。神代杉箸が議長となり、杉箸・割箸・竹箸・塗箸・角箸・ガラス箸・アルミ箸・銀箸・菓子箸・菜箸が、ナイフ・フォークに簡単に飛びつく西洋かぶれの庶民をつるしあげる。

①箸は二本だけで済むのに、ナイフ・フォークは何本も必要ではないか(不経済)。
②ナイフ・フォークは、使い方が難しく複雑ではないか(テーブルマナーが難しい)。
③箸は錆ることがない(便利で経済的)。
④箸は安心して使える(昔からの食習慣)。
⑤値段が安い(経済的)。
⑥洗うだけで清潔(安心感)。
⑦便利である(便利性)。

と、箸の優位性ばかりを取りあげて、夜明け前に、「大日本箸万歳！」を三唱して閉会する。これをきいた猫の花ちゃんも、「人間でなくとも一度お箸でご飯を食べてみたいな」と、一同の会議に賛成する。当時の日本人の揺れうごく心を風刺し、象徴していよう。

おそらく、明治人の心には次のような心配がいつもあったのだ。文明開化は、どこまで行くのだろう。舶来礼讃の風潮が高まり過ぎて、日本は駄目にならないか。食事の洋風化により、日本の料理は堕落してしまわないか。

しかし、そのような心配の多くは、まったくの杞憂《きゆう》となる。和洋折衷型の食べ物が、洪水のようにあふれた後の大正時代、和風化された西洋料理「洋食」の全盛期を迎えるからである。そしてさらに、洋食が庶民に親しまれてきた昭和の初期に、王者「とんかつ」が登場し、今日まで変わることなく人気を保ちつづけるからである。

好きになれない西洋料理

ただし、西洋料理だ、和洋折衷料理だとの騒ぎのなかで、どこ吹く風と和食を頑固に守り続けた人もいる。西洋食批判派である。

一八九一年（明治二四）頃に、新派劇《しんぱげき》先駆者の川上音二郎《かわかみおとじろう》は、寄席《よせ》芸人として高座に出る。陣羽織に、向う鉢巻の姿で、独特の「オッペケペ節」を歌いあげ、欧米崇拝一辺倒の西洋かぶれを風刺した。「なンにも知らずに知った顔、むやみに西洋鼻にかけ、日本酒なんぞは飲まれない、ビールにブランディ、ベルモット、腹にも馴れない洋食を、やたらにくうのもまけ惜み、内しょで廊下でへどはいて、真面目な顔してコーヒ飲む、おかしいね、オッペケペッポ、ペッポーポ」とはやしたて、舞台で喝采を浴びた。うわべだけの洋風化では駄目だ、もっと確かな自由民権の理念をもて、といましめる。この頃から、和風化された西洋料理を、洋食と呼び始めている。

篠田統《おさむ》は、『近代日本風俗史　第五巻　食事と食品』（一九六八年）の「食品の調理と料理」のなかで、「ハイカラと洋食」と題して、西洋料理になじめずに苦労した人々を取りあげている。話を要約してみると、①鹿鳴館時代に、洋装だダンスだと騒ぐ海軍軍人の妻君も、実は洋食だけは好きになれない。②大隈重信《おおくましげのぶ》は、理想的で近代的な台所を設け、世間に宣伝する。しかし、日常は和食好みで通している。③西園寺《さいおんじ》公望《きんもち》とパリに遊学した光妙寺三郎は、東京には口に合うフランス料理がないという。そして、毎日の食事は、八百善《やおぜん》から日本料理を運ばせている、という。

どのエピソードにも、奇妙な西洋食が好きになれないという、日本人の和食への執念や執着がにじみでていておもしろい。

第四章　あんパンが生まれた日

1　パンの壮大な歴史

パンとは何か

本格的な西洋料理の普及にともなう、庶民のさまざまな食生活を眺めてきた。これまで肉料理に多くの紙数を割いてきたが、では米飯に対するパンについては、どうだったのであろうか。

日本は、四方を海にかこまれた島国である。温暖な気候の中で私たちの祖先は、縄文末期から米作りに励み、豊富な魚介や野菜の恩恵を受けてきた。江戸期になると、油を使わない塩味（味噌・醬油）中心の調味により、独特の和食文化が完成する。欧米のような肉食中心の食事とは、まったく異なった食の文化である。

ところで、西洋料理にパンは付き物である。肉をおいしく味わうには、不可欠な添え物である。しかし日本にパンが伝えられても、この奇妙な形状と風味に驚嘆するばかりで、米飯に執着する日本人は、一向に関心を示さなかった。米飯が食の中心にある限り、パンを主食として導入することは不可能に近い。洋風素材の獣肉すら、和洋折衷料理のなかに取りこみ、米飯に適合させたのである。

ところが、明治維新になり、文明開化の進むなかで、先人たちは、パンを不思議な形態に作りかえていく。おやつ（間食）の機能をもたせた、和洋折衷型の「菓子パン」である。そして、独創的な「あんパン」の誕生。これもまた、「とんかつ」と同じように、日本人がつくりだした「洋食」なのである。

しかも、日本人がなかなかなじめなかった肉食とは異なり、市場での庶民の人気はすさまじく、短期間のうちに全国を制覇する。この秘密は、どこにあるのだろう。その理由を探りだすために、少々遠まわりにはなるが、「パンとは何か」という、パンの生い立ちからたどってみたい。

パンは、それぞれの国において、どのように呼ばれ親しまれてきたか。パンの語源は、ラテン語のパニス（panis）に由来する。ギリシア語でアルトス（artos）、ポルトガル語でパン（pão）、スペイン語でパン（pan）という。日本でパンと呼ぶのは、初めて伝えたポルトガル人の言葉が、そのまま定着したからである。英語ではブレッド（bread）、ドイツ語ではブロート（Brot）、オランダ語ではブロート（brood）、イタリア語ではパーネ（pane）、フランス語ではパン（pain）、中国語ではミエヌパオ（麵麭）という。

パンが伝えられてから、パンを表現する漢字について、明治以前の人々はさまざまに工夫している。麵麭・麵包・麪麭・麪包・波牟・麦餅・蒸餅・麦蒸餅・麦麵・麵頭・麭など、実に多彩な表現である。今まで見たこともない食べ物に、戸惑いした様子がうかがえる。明治期になると、このなかで「麵麭」という表現が一般化する。夏目漱石は、胃弱だったにもかかわらずパンに砂糖・ジャムをつけるのが好きで、小説にもしばしば「麵麭」を登場させている。

パンの発生は六〇〇〇年前

パンの生い立ちに話を進めよう。パンの発生は、六〇〇〇年以上前のことである。人類が築き上げた食の文化の原点の一つといえよう。穀類の利用形態は、重湯《おもゆ》→粥《かゆ》→平焼き→無発酵パン→発酵パンのように、水分の多いものから少ないものへ、粒食から粉食へと移り変わっている。

オオムギやコムギを粉砕したムギ粉は、そのままではなんの価値もない。水を加えてこねた塊（生地《きじ》）を薄く引きのばし、熱した石にはりつけて焼くと、「平焼きパン」になる。紀元前一万年に、コムギ栽培を始めたメソポタミア流域で、紀元前四〇〇〇年頃になると、このような「無発酵パン」が誕生した。

生地を自然発酵させると、より柔らかいパンになる。古代エジプトのパンは、オオムギによる無発酵の固いパンであったが、焼いたパンの糖質を利用してビールを作り、そのビール酵母を用いてパンを焼き、「発酵パン」（ビールパン）を作る技術を習得する。エジプトの労働者の賃金は、パンとビールで支払われたという。パン作りが、重要な仕事であったことがわかる。

紀元前一四〇〇年の古代エジプトの壁画に、コムギを石臼で粉にして焼いた、無発酵の煎《せん》餅《べい》のような固いパンが描かれている。カイロの博物館には、石の上に穀物をのせて、すりつけながら粉をひく女の像がある。紀元前一二〇〇年頃の第二〇王朝のラムセス三世の墳墓からは、二〇〇万個以上のおびただしいパンが出土する。黄泉《よみ》の国を信じた人々にとって、王の来世の食糧となるパンは、必要不可欠な食べ物であった。

コンチネンタルタイプとアングロアメリカンタイプ

発酵型のパンは、古代のエジプトから、ギリシア、ローマに伝えられる。ローマ帝国滅亡後のヨーロッパでは、パン・菓子・ワインの製造技術は、中世にいたるまでローマ教会に引きつがれる。その結果、パンや菓子の伝統は保持されるが、しだいに宗教色の濃いものになる。一四世紀ごろになると、イタリアを中心にルネッサンス文化が花開く。再びヨーロッパ諸国に活気がみなぎり、パンは、ヨーロッパの各地に伝播《でんぱ》する。

このあと、コムギやライムギなどの穀類の収穫の状況によって国ごとに特徴のあるパン食文化が形成されるが、発酵型のパンは大きく二つの流れに分かれていく。フランス系のパンは、コムギ粉主体のリーン（lean）な配合のコンチネンタルタイプとなり、イギリスからアメリカに伝わるパンは、バターやミルクなどの副材料をたっぷり加えたリッチ（rich）なアングロアメリカンタイプのパンになる。一方、インド・パキスタン・アフガニスタン・イランでは、無発酵型のパンのチャパティ、イラク・エジプト・トルコでは、発酵型のパンが、平焼きパンとして定着し普及する。

中国では、紀元前一世紀頃に、水車で石臼を動かす水磨《すいま》が現れ、絹篩《きぬぶるい》が考案されて、白いコムギ粉がとれるようになる。この頃に、北部では胡食《こしょく》（西域から伝えられた食べ物）が流行し始め、餃子《チャオズ》・包子《パオズ》・饅頭《マントウ》が普及する。そのために、宋《そう》代に、西域から発酵型のパンが伝えられたときも、そのまま受けいれることなく、蒸しパンや饅頭を中心とした独自のパン食文化を形成した。焙焼よりも蒸す方式が発達したのである。日本では、中国の製造技術の影響を受け、蒸しまんじゅうが発達した。

パン酵母とパンの量産化

このような大きなパン食文化の流れが、六〇〇〇年の時間をかけて、地球上をおおっていく。ところが驚いたことに、それらはいずれも手作りパンの域を出ていない。生地を発酵させるのに必要なパン酵母が大量に入手できるのは、ずっと後の時代になる。純粋培養によりパン酵母が作りだされるのは、今からわずか一〇〇年前の一九〇〇年（明治三三）のことに過ぎない。

一六八〇年、日本では江戸前期の延宝八年に、オランダの医者のフックは、手製の粗末な顕微鏡で、イースト（酵母）の存在を確認する。経験的には、パン生地を放置するとふくらむことが確認されていても、パン酵母を肉眼で見た人はいなかった。この後は、急速にパン酵母の開発研究が進む。一八二五年、日本では江戸後期の文政八年に、ドイツで圧搾酵母の試作が始まる。一八八〇年代には、欧米諸国でイースト生産の研究が着手される。

先走って言えば、第一次世界大戦の頃になると、ドイツ・オーストリア・スイスで研究が進んだ。第二次世界大戦のときには、アメリカで軍用のドライイーストがつくりだされる。戦場の兵士たちに、焼きたてのパンを供給したのである。新鮮なベーコン・温かいコーヒー・焼きたてのパンは、アメリカ兵にとって、必須の兵食であった。日本でいえば、にぎりめし・梅干し・たくわんのたぐいであろう。

このような経緯により、質のよいパン酵母が大量に確保されると、ヨーロッパの手作りパンは、アメリカでようやく量産化の態勢が整えられる。しかし、日本で「あんパン」がつくられるのは、まだパン酵母の大量入手が容易でなかった、一八七四年（明治七）のことなのである。

2　不思議な食べ物としてのパン

初めてパンを見た日本人

さて、日本人が初めてパンを見たのは、一六世紀になってからである。一五四三年（天文一二）に、ポルトガル船トラムエルタン号が、暴風雨のため種子島《たねがしま》に漂着する。領主の種子島時尭《ときたか》は、三人のポルトガル人と一〇〇人余の唐人を手厚くもてなす。そのお礼に二挺の鉄砲と火薬を受けとる。このときに、ポルトガル人が常食として、ライムギ入りの固いパンを食べることを知った。

一五四九年（天文一八）に、フランシスコ・ザビエルが鹿児島に上陸する。島津貴久《しまづたかひさ》に謁見《えっけん》して、キリスト教を広める許しを得、布教に必要なパンとワインをもたらす。そして、南蛮船の来航が頻繁になり、南蛮文化とともに南蛮菓子が伝えられた。南蛮菓子とは、ポルトガル人やスペイン人が伝えた、西洋菓子の総称である。

江戸中期の『長崎夜話艸《ながさきやわそう》』（一七二〇年〔享保五〕）にも、ハルテ・ケジャアド・カステラボウル・花ボウル・コンペイト・アルヘル・カルメル・ヲベリヤス・バアスリ・ヒョウス・ヲブダウス・タマゴソウメン・ビスカウト・パンなどの南蛮菓子が、長崎土産として名を連ねている。パンは南蛮菓子の一つとして四〇〇年余り前の日本に伝えられたのである。

パン問答

一六世紀、室町後期にパンが伝来すると、こんな食べ物があるのかと、庶民の間で評判となった。この異国の奇妙な食べ物の知識を、少しでも得たいと、江戸期の文献にパンはしばしば登場する。

たとえば、江戸中期の百科事典といわれる、『和漢三才図会《わかんさんさいずえ》』(一七一二年〈正徳二〉自序)に、「按ずるに、蒸餅は即ち饅頭の餡無きものなり。阿蘭陀《オランダ》人毎に一個を用ゐて常食と為す。彼の人呼んで波牟《パン》と曰ふ。之れに添へて羅加牟《ラカン》を吃《く》ふ」とある。オランダ人がパンと称するものは、あんの入っていない蒸しまんじゅうに似ている。彼等は、バターをつけて、毎食に一個を食べていると、物珍しげに眺めている。

蒸しまんじゅうは、一三～一四世紀頃に中国より伝えられていた。日本の粘りのあるコムギ粉(中力粉、うどん粉)で作りやすく、江戸期には庶民の間にかなり普及していた。その蒸しまんじゅうと比べたのである。また『南蛮料理書』に、「はんの事。麦のこ、あまさけにてこね、ふくらかしてつくり、ふとんにつつみふくれ申時、やき申也、口伝有」とある。『蘭説弁惑《らんせつべんわく》』(一七九九年〈寛政一一〉)には、よく知られている「パン問答」がある。現代風のQ&Aに直してみよう。

Q一　オランダ人が食べているパンは、どんな原料から作るのか？
A一　コムギ粉に、甘酒の種《たね》を入れて練りあわせ、蒸し焼きにする。朝晩に食べている。
Q二　オランダ人は、米飯を食べないのか？
A二　天竺米《てんじく》を煮て、わずかに食べるらしい。
Q三　パンというのは、どこの言葉か？
A三　よくわからない。オランダ人は、ブロフト、フランス人はパインと呼んでいる。

この一連のパン問答によると、次のようなことがわかる。まず、野生パン酵母の知識がなく、甘酒の種で発酵させるまんじゅうと混同している。また、オーブンで焼くことを知らないから、蒸し焼きと表現している（オーブンの機能は、実際には蒸し焼きであるが）。そしてQ二の「飯は絶えて用ひざるや」の問いかけには、米飯を最上とした、当時の日本人の優越感と当惑がほの見える。主食として、飯を食べない人間に出会ったことへの驚きである。

同じ年の『楢林雑話《ならばやしざつわ》』を見ると、パンは、長崎出島のパン屋と称する店で売っている。オランダ人はこれを買い、バターを塗り食べる。また、パン屋の商売はもうけが大きく、年間に二〇〇両になる。そして、蜜を煎じ、卵をかけて煮たものを、パンドウスというとある。『長崎名勝図絵』には、「紅夷《オランダ》の本国米なし。ゆえに小麦を以て常食とする」とある。オランダにはコメがなく、コムギ粉で作るパンを食べるとし、牛の乳を濃く煎じて練ったバター、木の実の形で薬臭いコーヒーについてもふれている。

パン作りへの挑戦

このように、パンの知識について記した文献は多く見られるが、食べたいという興味は、一向にわかなかったようだ。しかもわからないことが多すぎた。パンを初めて見た驚き、米飯を食べない人々がいること、米飯とまったく異なる食べ方、我慢のできない発酵臭のするパンに、バター臭、さらには薬のように苦いコーヒー、などである。

しかし、一方では、江戸中期から幕末にかけて、奇妙なパン作りへの挑戦が、しばしば試みられたのも事実である。パンに適したコムギ粉が、入手できない時代にである。パン酵母もなく、発酵させる工程もよくわからず、焼くためのオーブンもない。失敗の連続で、試行錯誤を繰りかえしながら、その困難さを克服していった。地粉のオオムギ粉やコムギ粉を混ぜてこねたり、野生酵母・酒種（甘酒）・ビール酵母をもちい、オーブンの代わりにレンガを熱したり、薪《まき》でカマドを熱したり、その周囲を水で湿らせたむしろで囲んだりしている。

3　兵糧パンの開発競争

パンの利点

欧米人が食卓に並べるパンは、肉や乳製品をおいしくするでんぷん食である。とすると、当時の日本人が、米飯の代わりに、パンを主食に置きかえることは難しい。さらに、江戸期に大成した和食の得意な調理分野は、刺身のように生か、または炊《た》いたり、煮たり、茹《ゆ》でたり、焼いたりする割烹《かっぽう》である。「割」は庖丁《ほうちょう》で切ること、「烹」は煮たり焼いたりする技術である。

日本料理では、庖丁の技《わざ》を大切にする。当時の日本人には、オーブンによる乾式加熱は、まったく未経験の調理方法であった。したがって、パン焼きに使うオーブンがなく、パンは作りにくいし食べにくい。

ところが、アヘン戦争（一八四〇〜四二年）を契機に、世界の情勢は一変する。大国の清《しん》の弱体ぶりを見て、沿岸警備の必要性から、日本人の大きな不安と危機意識が高まる。鎖国により忘れ去られていたパンは、携帯に便利な兵食として見直される。

その利点は次のようなものである。①軽くて持ち運びに便利。②握り飯のように腐る心配がなく、かなり保存がきく。③消化がよい。④戦場で煮炊きする必要がない。煙りが立ちのぼる心配もない。⑤毎日焼かなくてもよい。⑥いつでも、どこでも、歩きながらでも、すぐに食べられる。⑦同じような保存食に、古くから糒《ほしいい》があるが、すべての面で、パンの方が優れている。

このような情況のなか、幕末の一八五三年（嘉永六）に、アメリカのペリー提督は黒船四隻をともない浦賀沖に現れる。日本近海への異国船の来航は頻繁になり、日本は開国を迫られる。内憂外患の渦巻くなかで、尊王攘夷の声が日増しに高まる。幕府の要人は、国土防衛の準備に忙しく、長州・薩摩・水戸などの諸藩は、競って兵糧《ひょうろう》パンの開発研究に取りくむ。

日本のパン祖、江川太郎左衛門

幕府は、伊豆韮山《にらやま》代官の江川太郎左衛門《えがわたろうざえもん》（坦庵《たんあん》）に、江戸湾周辺の沿岸警備を要請する。坦庵は、高島秋帆《たかしましゅうはん》に西洋砲術を学び、幕府の洋式鉄砲方となり、韮山に鉄砲鋳造のための反射炉を築く。このように坦庵は国防に力を注ぐ一方で、兵糧食の重要性にも深い関心を示す。そして、今までの梅干し弁当の代わりに、兵糧パンの開発研究にのり出すのである。

一八四二年（天保一三）に坦庵は、高島秋帆の門弟の作太郎を韮山に招いて、パン作りの指導を受ける。作太郎は、長崎出島のオランダ屋敷で料理方の経験があり、オランダ仕込みの製パン技術を身につけていた。一八四二年四月一二日に、伊豆の江川邸にパン焼きかまどを築き、兵糧パンの試作を始める。坦庵がパン作りに情熱を傾けた理由の一つに、鹿狩りをしたとき、携帯食として具合がよかったという経験があった。図11は坦庵を示す。

『日本のパン四百年史』（一九五六年）に、韮山代官所の書役で江戸屋敷詰めの柏木総蔵が、江戸の作太郎から聞いて、坦庵に伝えたパン作りの記録がある。

①パンは、うどん粉にまんじゅうの元（酒種のこと）を混ぜて作る。
②長崎では、風味をよくするために、鶏卵や砂糖を加える。
③西洋では、粗挽《あらび》きのコムギ粉に食塩を加え、味をつけてから焼く。
④焼き方が難しい。薪二〇束を半日がかりで焚《た》き、火を落としてから余熱を利用する。
⑤空気を入れなければ、焦げる心配はない。真ん中までフックラと火が通る。
⑥焼き上げたパンは、一年ぐらいは保存できる。
⑦災害発生のときの非常食によい。
⑧パンの大きさは、厚さ九ミリ、長さ九センチの乾パンである。
⑨乾燥して水分が少ないので、湯茶か水を飲みながら食べる。
⑩普通は一個でよいが、大食の人は二個も食べる。腹のなかでふくれる。
⑪持ち運びに便利で携帯食に都合よい。

図11　パン祖・江川坦庵（『日本のパン四百年史』より）

など、パン作りに有効な数々の情報を得ている。この頃、長崎表には、パン焼き窯《がま》が二基あり、パン焼きを繰りかえして非常用にたくわえていた。

兵糧パン発祥の地となった代官所跡（伊豆・江川邸）には、徳富蘇峰《とくとみそほう》の筆になる「パン祖江川坦庵先生邸」の記念碑が建っている。パン食普及の端緒を作った人として、関係者の感謝の気持ちがこめられている。坦庵がパンを初めて試作した日にちなんで、毎月の一二日が、「パンの日」となった。

続々とつくられる兵糧パン

さらに、『日本のパン四百年史』によると、各藩の開発状況は、つぎの通りであった。パン焼きの一番の難しさは、火加減の調節にある。一八六六年（慶応二）に長州藩では、陶磁器の窯《かま》でパンを焼くことを試みる。陶工の大賀幾助に命じて、陶磁器用の窯をもちい、長崎に滞在した中島治平の知識にもとづき、「備急餅」をつくる。

結論的にいえば、この窯は当時の日本にあった窯のなかでは温度管理が比較的よく、パン焼きに適していた。上火と下火の火加減が調節できるオーブンなど、日本にない時代である。大賀幾助は、藩に補助金を申請して、銀四貫を得た。このときの記録に、①備急餅の配合は、コムギ粉一〇袋に、卵一五斤を加える。②木束七把、職人二人で焼き上げる。③コムギ粉は、萩で収穫したものがよい。④夏場でも四〇日は保存でき、携帯に便利である。⑤長州藩が採用する、とある。

水戸藩では、軍用パンに早くから注目し、開発への意欲を燃やす。坦庵の亡くなった一八五五年（安政二）に、長崎でオランダ医学を修業中の柴田《しばた》方庵《ほうあん》に命じて、オランダ人のコンプラ（出島へ日用品を売り込む者）から、パンとビスケットの製法を学ばせる。当時の蘭学志望者は、全国から長崎に集まっていた。

方庵の日記『日録　第五巻』の安政二年二月二三日の条に、「コンプラのパンとビスコイトの両方を習いに行く。水戸藩から軍用パンの開発に必要なので、書きとって送るように命ぜられ習っている」とあり、翌二四日には、「習うために良庵の子を、コンプラにつかわした」とある。さらに、二八日には「萩信之助に差し出した書状には、パン・ビスコイトの製法を記した書面を同封した」とある。柴田方庵の几帳面《きちようめん》な性格が、日記の行間ににじみ出ている。

水戸藩はこれらの情報により、直径四〜五センチで真ん中に四角い穴の開いた、円形の「兵粮銭《ひようろうせん》」をつくる。紐を通していくつも腰に下げれば、緊急時にも携帯しやすい、保存のきく乾パンであった。

薩摩藩では、イギリスの技術により、「蒸餅」と称する兵糧パンをつくる。一八六八〜六九年（慶応四〜明治二）の戊辰《ぼしん》戦争の折り、東北遠征用の携帯食糧として、江戸の「米津凮《ふう》月堂《げつどう》」に、五〇〇〇人分を注文した。黒ゴマ入りの乾パンである。

『斉彬公《なりあきらこう》言行録』によると、①蒸餅数千個の製造を命ぜられた。②軍用だから、一〜二年たくわえても、虫害が発生しないものがよい。③さまざまな製造条件で作り、貯蔵試験をおこなっている、とある。

さらに、島津斉彬公の指示により、①蒸餅は、激しい戦闘の際にのみもちいること。②製造費は惜しみなく、念入りに作ること。③西洋のパンのように、牛肉や鶏肉を煎じた汁をもちいたらどうか、とある。

一八六八年（明治元）に、米津松造は西洋菓子店の「米津凮月堂」を開店し、すでに述べたように薩摩藩の軍用パンを製造する。薩摩より注文を受けた「凮月堂乾蒸餅製造之要趣」には、黒ゴマ入り麵包を五〇〇〇人分納めたこと、またこのパンのため、飯が炊けなくても不便ではなかった、とある。この戊辰戦争でのパンは実験的な使用であり、きたるべき外夷に備える、ともある。

一八六九年（明治二）に、榎本武揚《えのもとたけあき》がひきいる反政府軍が五稜郭《ごりようかく》に立てこもる。このときに、箱館の菓子屋の大野藤造は、松前藩の命により兵糧パンを納めている。開港場として開けた箱館では、コムギ粉で作るパンの知識が伝えられていたと思われる。

パンは脚気に効く

幕府の兵食を受けついだ海軍は、一八七二年（明治五）に、「麵糧」を正式に採用し、遠洋航海用などにたくわえる。さらに、西南戦争でパンの有効性を確かめた陸軍は、一八七七年（明治一〇）に、「重焼麵麭」の併用を決める。重焼には、二度焼きという意味がある。今日のパンに比べて、水分の少ないビスケット（乾パン）状のものであった。

このような歴史の推移のなかで、東京竹橋《たけばし》の西の丸一帯を警護する、天皇の守備隊に脚気《かっけ》騒動が起こる。長州出身の下級士族や平民を集めた部隊で、彼等は、郷里で雑穀飯や雑炊を常食している。東京でぜいたくな銀飯（白米飯）に変わり、脚気にかかる者が続出したのである。この当時の脚気は、治療法もまったくわからず、多くの死者を出した恐ろしい病であった。江戸期の頃から、白米を食べる金持ちがかかる病気で、「江戸患《わずら》い」と呼ばれていた。

患者は、築地の外国人居留地に建てられた、ドイツ人経営の病院に運ばれた。パン食をする欧米人には無関係な病気であった。そこでパンや牛乳を与えられると、患者のほとんどが快方に向かったという。

一八七八年（明治一一）に、東京神田の一《ひと》ツ橋《ばし》に国立脚気病院が設立される。こんなエピソードもある。西洋医と漢方医のどちらの医者に治療させるかで議論が沸騰し、結論が出ない。そこで、両方の医者に治療させ、その後の患者の症状を観察する。このことが、「漢洋の脚気角力《すもう》」と呼ばれて評判になる。

その結果は、原因は不明なまま、西洋医の勝ちになる。西洋医は、患者にパン食療法をおこなったのである。このパン食により、患者の脚気が快方に向かうことがわかった。「竹橋の兵隊さん、何にを喰う。食パン喰う。どうか喰うか喰う」という俗謡が、密かに流行する。ご飯を食べられないで、兵隊さんはお気の毒、我慢してパンばかり食べさせられているという意味である。

一九一〇年（明治四三）に、鈴木梅太郎はコメ糠《ぬか》からビタミンB_1を抽出し、オリザニンと命名する。脚気の原因は、ビタミンB_1不足の症状であった。軍用パンを通じて、パンには、米飯にない価値があることがわかる。そして、諸外国にはまったく例を見ない、不思議なパン食文化の導入となるのである。脚気に効くパン食が、兵食として高い評価を与えられた。

その後の兵食の経緯は、一八九八年（明治三一）に、陸軍は、イギリス・フランス・ドイツなどのヨーロッパ諸国の軍用パンを、現地で調査する。その結果から、オーストリアのパンを採用する。さらに一九〇五年（明治三八）に、コムギ粉・コメ粉・鶏卵を配合し、ビール酵母をもちいた「甲麵包」をつくり、このパンは、日露戦争で大活躍をする。また、炒りダイズ粉を加え、ベーキングパウダーでふくらませた「乙麵包」もできる。米粉・炒りダイズ粉・黒ゴマをもちいて、日本人の米食への強い郷愁を配慮する。非常食としてたくわえる「乾パン」の誕生である。

鹿鳴館時代からパンを作るメリケン粉の輸入が急増していくのだが、やがて地方出身者の多い陸軍では、腹もちがよくないパン食に不満が出はじめる。その結果、米飯にムギを混ぜるムギ飯とパンの併用方式に切りかえている。日本の栄養学や食品学が、兵食の研究により促進されるという結果となっていった。

フランスパンからイギリスパンへ

一般の人々へのパン食普及の基盤は、一八五九年（安政六）に、開港場となる横浜の外国人居留地から始まる。居留外国人と接触する機会の多い日本人の間では、少しずつパンに親しむ雰囲気ができていた。

一八六〇年（万延元）に、内海兵吉は、横浜で初の日本人によるパン屋を開店する。翌一八六一年（文久元）には、フランキョ、グッドマンの二人の外国人によるパン屋が開店する。さらに一八六五年（慶応元）に、イギリス人クラークは、「横浜ベーカリー」を創業し、フランスパンが評判となる。ホップス種をもちいて、ジャガイモで発酵させたパン生地を、石の窯で直焼きにしたのである。

明治維新を迎えると、かつおぶし形のフランスパンから、大型のイギリスパンに変わる。すでに幕府はフランスの技師を招聘《しょうへい》し、横須賀製鉄所や横浜仏語伝習所を建設していた。その影響により、一時はフランスパンが流行したのであるが、幕府が崩壊すると薩摩や長州が台頭してきて、お雇い外国人にイギリス人を採用する。このイギリスへの移行が、第二次世界大戦前後まで、日本のパン業界に決定的な影響を与えることになる。

フランスのコムギは、日本のコムギに似ていて、中力系で粘りがなく、大型のパンが焼きにくい。そのために、クラスト（皮部）の固い直焼きパンになる。イギリスのコムギも、同じようにパンにするとふくらみがよくない。「バンズ」と呼ばれる小型パンしかできない。

ところが、世界を制覇《せいは》したイギリスは、質のよい強力系のコムギをカナダから大量に輸入し、三斤棒の「山型パン（蓋なし型詰めパン）」をつくりあげたのである。

日本人がパンを食べはじめた頃は、クラストの固いフランスパンではなく、ご飯のようにクラム（内層）の柔らかいイギリスパンであった。第二次世界大戦後は、手作り風のイギリスパンより、量産方式のアメリカパンの影響を受ける。サンドイッチの好まれるアメリカのパンは、蓋付きの型詰めで焼いた四角いパンである。イギリスやアメリカの白いパンの連想から、日本にしかない「食パン」という言葉ができあがる。

高輪東禅寺のイギリス公使館に牛肉を供給し始め、すでに本書で何度も登場した中川嘉兵衛は、パンの製造や販売にも積極的に乗りだす。横浜の元町にパン屋を開店し、一八六七年（慶応三）一〇月の『万国新聞紙』に、日本で初めてのパンとビスケットの広告を出す。「パン・ビスケット・ボットル、右品物私店に御座候」云々とある。

『明治事物起原』に、明治初期の頃のパンの市場動向が散見される。一八七三年（明治六）の『新聞雑誌』に、評判の店は明治三年開店の「鉄砲洲つか本」とある。同じ頃の『武江年表《ぶこうねんぴょう》（続篇）』に、「麺包種類多し」とある。

また、『珍奇競』に、「日本出来の菓子パン三（年）ハヤル」とある。『開化なぞづくし四』に、「パンの弁当とかけて、仕立ての着物ととく。心はいつかしのぎだ」とある。仕立屋の着物は、一寸見《ちょつとみ》には体裁はよいが、すぐにだめになってしまう。パン食も、すぐに腹が空いて物足りない。米飯とはよほど異なる。パンは三度の主食にはならず、三時のおやつに過ぎないといわれる。

パン批判

一八八二年（明治一五）頃になると、東京のパン屋は一一六軒に増える。しかし、当時の世相を風刺した「馬鹿の番附」に、東の横綱として「米穀を食わずしてパンを好む日本人」とある。主食にパンを取りいれようとする日本人は、パンや洋食に傾倒しすぎるとの痛烈な批判である。

馬鹿番付表は、猫も杓子も欧風化する風潮に、真っ向から反発する。勧進元に、「国の命を売り縮める舶来物品商」とある。口上書に、「世に馬鹿の種類多しと雖《いえど》も皇国の産物を用いず、競うて舶来品を要求し、それがため真貨の輸出を日に月に増加させ、国の困難を顧みざる、是ほどの馬鹿あるべからず、いま茲《ここ》に馬鹿の甲乙を見立て番付とすることかくの如し」とある。

舶来品を礼讃する思想は、その後の日本に、長い間の舶来ブランド志向をもたらす。筆者の若い頃の経験でも、時計・ライター・万年筆は、舶来品を自慢する風潮があったようだ。となると、パンも間違いなく舶来品である。しかし、庶民へのパン食の普及は、棘《とげ》の多い茨の道に似て前途多難であった。

4 あんパン誕生

あんパンととんかつ

本書の長い記述も、ようやく「とんかつ」に近づきつつある。前節までで述べたパンが、日本人に真にとけこむ姿が「あんパン」であり、前章までで述べた肉食が真に日本文化になってゆく姿が「とんかつ」なのであるが、これら和洋折衷料理「洋食」の「あんパン」と「とんかつ」を比べてみると、日本の食の文化の特徴の一端にふれることになる。すでに述べたように、明治維新を迎えると、新政府と知識人は、肉食の奨励や本格的な西洋料理の導入を積極的に押しすすめた。上(政府や知識人)から下(庶民)への伝達である。

しかし、実際に庶民が肉を食べはじめたのは、和風仕立ての牛鍋やすき焼きへ変形させての上であり、洋風素材の牛肉への慣《な》れがここに始まったというレベルであった。そして、さまざまな形で洋風の調理法を学びとったあと、庶民はようやく米飯に適合した数多くの洋食をつくりだしはじめる。下から上への庶民発の大きな動きである。このようにして、肉食の解禁宣言から、六〇年という長い歳月をかけて、庶民による「とんかつ」が誕生していく。

一方、一六世紀に伝えられたパンは、長い鎖国時代には沈黙を守りつづけた。そして、幕末になり、諸藩は、兵糧食用のパンとして開発を競いあった。差しせまった国防のために、緊急食糧を必要としたのである。そしてその後は、海軍の、精白米過剰摂取による脚気対策の兵食に採用される。これまた上層部からの動きである。

しかし、パンは、米飯に執着し続ける庶民には、なじみにくい異国の食べ物であった。食文化があまりにも違いすぎるパン食は、主食の座を占める米飯の一角を崩すことができない。ところが、一八七四年（明治七）に、「あんパン」という食品がつくられると、あっという間に日本全国を制覇し、天皇の食卓にまでのぼるようになる——下から上へ、庶民発の大きな動きである。

ついでに、パンのその後の経緯にふれておくと、パン食が本格的に見直されるのは、ずっと後の第二次世界大戦後である。戦後の厳しい食糧難のなかで、一九五四年（昭和二九）に、学校給食法が制定され、コッペパンが戦後の学童の健康を支えた。さらに、アメリカから、大量のメリケン粉（強力粉）が運ばれると、アメリカ式のパンの量産設備が導入される。上から下への日本のパン食文化の大きな動きといえよう。そして、アメリカ文化一辺倒のなかから、パン食という新しい食習慣が芽生える。戦後は、理屈抜きの救世主としてパン食が登場し、急速に普及したのである。

さらに、驚いたことには、ふつう民族は自分たちがつくり出したパンしか食べないものだが、日本人がつくり出したパンはといえば、「菓子パン」「調理パン」であり、しかも今日の日本のベーカリーの店頭には、世界中のパンが満ちあふれ、好みのパンを自由に選択できる。世界に類をみないパン王国を形成しているのである。

木村安兵衛の挑戦

「あんパン」に話を絞ろう。

日本人好みにパンを作りかえて、全国制覇をなし遂げた男が登場する。現在の茨城県牛久《うしく》市出身の木村安兵衛である。安兵衛は、もと藤堂藩江戸御船倉の勤番士であった。明治初年に、東京の職業授産所に事務職として勤める。ここは江戸が無血開城した一八六八年（慶応四）に新政府が設けた施設で、失業者の職業訓練を実施していた。

安兵衛はこの職業授産所で、長崎のオランダ屋敷の元コックでパン焼きの経験がある梅吉に出会う。梅吉のパン作りの話に、大きく興味をひかれた五〇歳をすぎた安兵衛は、授産所をやめてパン作りを決意する。年齢的にも、大きな賭《かけ》であった。南蛮菓子として長崎に伝えられたパンの製法は、「コムギ粉を固めて蒸し焼きにしたもの」ほどの知識しかない時代にである。

安兵衛は、一八六九年（明治二）、東京の日蔭町《ひかげちょう》（現在の新橋駅前）に、「文英堂」という小さな洋風雑貨兼パン店を開く。東京のパン屋の始祖である。文明開化の「文」と、安兵衛の妻の名の「ぶん」をかけ、次男の英三郎の「英」をつないだ店名で、パン作りへの並々ならぬ意欲を示す。

図12　明治初期のパン製造所（『木村屋総本店百二十年史』より）

文英堂は、間もなく火災により焼失したが、翌年には、尾張町（現在の銀座五丁目）に移り、屋号を「木村屋」に改める。しかしこの木村屋も、一八七二年（明治五）の銀座から築地一帯を焼き尽くす大火で焼失してしまう。

困りはてた安兵衛は、一〇年間の割賦で借財をし、現在銀座三越のある一等地に店を再建する。このときに銀座通りは、イギリス人技師ウォートルスの設計で、火災に強い赤煉瓦街に一新された。銀ぶらの楽しめる整然とした街並みになったのである。図12は、明治初期の木村屋のパン工場の様子を示している。

さて、この頃の世界のパン作りは、ビール酵母をもちいるホップ種《だね》法が中心であった。しかし、日本では素材の入手が難しく、まんじゅうを作るときの甘酒（酒種）による発酵に頼るしかなかった。生地の発酵の状態を判定する方法もなく、製造は、もっぱら経験と勘による非近代的な方法であった。試行錯誤、失敗が次々と重なる。

野生酵母の発酵力が弱いと、パンはあまりふくらまない。焼きあげたパンは堅くなり、おいしいパンにならない。しかし、安兵衛の意図は、梅吉の情報をもとに長崎のパンを再現することではなかった。息子の一八歳の英三郎とともに、さまざまな創意と工夫によって新たなパン作りに挑戦することであった。ホップ種の入手は難しいが、梅吉の知識による旧式のパンでは満足できない。英三郎は、横浜の外国人居留地のおいしいパンを調べては、舌を肥やしていたという。

発想の転換

何度も触れたように、日本人向けに主食としてのパンを開発するのは難しい。安兵衛は、主食から切りはなした「おやつ」として、菓子パンの開発に異常な執念を燃やしつづける。そして、興味ある事実に気がつく。米飯にこだわる日本人の根強い食習慣のなかで、先人たちは、中国から伝来しためんの製造技術を吸収・同化している。食塩（味噌・醤油）で調味し直して、新しい日本のめん料理（そうめん・ひやむぎ・うどん・そば）を数多くつくりだしている。

さらにまた、鎌倉期にはコムギ粉の生地を発酵させて作るまんじゅうが伝えられている。江戸から明治期にかけても、庶民のまんじゅう人気は衰えていない。いずれも先人たちの汗と努力の結晶である。換言すれば、和風に作りかえてしまうたゆまぬ執念が、日本の食の文化の基盤にある。和洋折衷食として、新しい日本のパンはできないものか。

安兵衛のあんパン作りへの挑戦が始まる。パンは、イースト臭が気になり、どうもなじめない。しかし同じコムギ粉料理なのに、酒《さか》まんじゅうは独特の香味があり、庶民の人気は衰えていない。それでは、パン生地に砂糖や卵を多めに入れたら、和菓子の風味が出せないか。あんを包んだらどうなるだろう。しかも、まんじゅうのように蒸すのではなく、パンのように焼けないものか。日本人好みの風味は、蒸しまんじゅうの日本酒の香味ではないか。——安兵衛の頭のなかには、つぎつぎに新しい発想が芽生えていたに違いない。

しかし、新しいパン作りは、実際に取りかかると、失敗の連続であった。質のよい酒種が入手できない。発酵力が弱いので、発酵管理が難しい。砂糖を多くすると、発酵しにくい。パン生地はだれやすい。うまく焼けない。柔らかさに欠け、酸《す》っぱいパンになる。……六年という歳月を費やして、安兵衛はくじけることなく開発研究に没頭した。その異常な執念に、周囲の人々ははらはらするばかりであった。

そして、遂に一八七四年（明治七）、安兵衛と英三郎はあんパンの製造に成功する。米麴種に独特の工夫を凝らし、新たな発酵法を完成させたのである。『木村屋総本店百二十年史』によると、どのようにして酒種にたどりついたかは謎である、とある。そして、酒種の採取作業が至難の業であったさまがうかがえる。

同書には、酒種には、硬度の低い硬水がよく、筑波山《つくばさん》近くの井戸水が選ばれたこと、酒種は、筑波山の中腹の岩陰の澄んだ空気から、時間をかけて採取したこと、その後二〜三日の間は、摂氏三〇度に保ちながら、野生酵母を増殖させたことが記されている。酒種の発酵管理は難しく、寒い夜は、職人たちが抱いて寝たという。

そして、安兵衛たちの努力が、報われる日がやってくる。日本酒酵母の増殖により乳酸が生成されると、雑菌の繁殖が抑えられ、良好なパン生地が得られることがわかったのである。しかし、酒種では、パン酵母（イースト）のように、パン生地は大きくはふくらまない。そのために、発酵時間を長くしてみる。三五パーセント以上の砂糖も加えられる。九〇分のホイロ（二次発酵による最終の生地の熟成）をとり、一〇分間で焼きあげる。

パン酵母で作れば、パンは四〜五時間でできるが、酒種では一日かかる。しかし、できあがったあんパンの風味には、格段の違いがある。米麴種によるパンは、日本人好みの日本酒の香味があった。また、まんじゅうは冷えると固くなるが、あんパンは柔らかさを保てる。しかも糖分が多い生地でも発酵できる。酒種パンは、あまり大きくはふくらまなかったが、独特の歯触り・風味・甘味をもっていた。

『木村屋総本店百二十年史』のなかに、英三郎たちが試作を繰りかえしたパン生地の工程が示されている。「まずホップの煮汁、これは、四リットルの水に四十グラムの割合でホップの花を入れて煮詰める。人肌ほどの適温にさまして、強力粉、もしくはじゃがいもを茹《ゆ》ですりつぶして混ぜ粘度を出す。これは酵母のえさになる。ここに皮つきのりんごをすりおろしたものか、または玉ねぎをすりおろしたものを入れるのだ。パンをふくらませる酵母はこうして生れ育つ。適温を保つ方法は、寒い日は炭火が使われたのではないかと思われる」とある。

日本のパンの歴史がかわる

このようにして誕生した「あんパン」は、今までの酒まんじゅうや中国の蒸しパンとはまったく異なっている。もちろん、ポルトガルから伝えられたパンとも違う。安兵衛と英三郎があんパンをつくらなかったならば、その後の日本のパン食文化は、どのような展開になったのかあやぶまれるほど、それほどに画期的な発明であった。

パン食文化にくわしい柴田米作は、『日本のパン四百年史』のなかで、「米麴種パンの特長は、日本酒の香りがすること、冷えても長く柔かさを保つこと、この種は糖分を多くもちいても旺盛な発酵力があるなどの点にある。なお従来の菓子パンは、単なる味付パンであったが、安兵衛創案の味付パンは餡を包みこんだ菓子パンであつて、それ以前にはなかつたものである。餡入り饅頭《マンジウ》や、餡入りマントーはあつたが、それは蒸したもので焙焼したものとは大いに趣きを異にしていた」と述べている。

また農学者の中尾佐助は、『料理の起源』（一九七二年）のなかで、「日本の餡パンは大変面白いものと言えよう。これは次のように見たらよいだろう。中国のピン類の中には、中にいろいろ詰めものをしたものがたくさんある。肉入りの焼いたものはローピン（肉餅）として親しまれている。またそれを焼かずに、マントウのように蒸したものは一般にパオズ（包子）である。日本の餡パンの餡はまさに中国的なものである（華北にはアズキのほか、乾ナツメの果肉の餡もある）。このピンかパオズを、西欧風の皮パンの中に仕立てたのがまさに餡パンである。中国文化と西欧文化の結合製品と言えようが、それができたのが日本であるということは、まさに面白い点であると言えよう」と述べ、両者ともこの偉業を賞賛している。

西洋のパンに抵抗し続けてきた庶民は、和風パン（菓子パン）の出現で、パンに親しみをもち始める。明治期のあんパンの出現が、「和魂洋才の精華」とも言われるのは、日本の伝統的なあんで、西洋のパンを食べる工夫に成功したからである。兵糧パンを開発した江川坦庵は、パン祖と称えられたが、木村安兵衛は、「菓子パンの始祖」と呼ばれる。浅草東禅寺の境内には、麴種パンの安兵衛と妻ぶんの偉業をたたえる記念坐像がある。

明治天皇、あんパンを食す

さて、安兵衛は一八七四年（明治七）、師走の銀座四丁目に進出し、六年間かけて完成したあんパンを売り出す。人気は人気を呼び、たちまちのうちに銀座名物となり、客が殺到して行列ができた。一日に売れた木村屋のあんパンの数は、一万五〇〇〇個に達したという。

翌年の四月四日のこと、東京向島《むこうじま》の旧水戸藩下屋敷の花見どきに、奈良の吉野山から取りよせた八重桜の花びらの塩漬けを埋めこみ、焼きあげたあんパンが、明治天皇の侍従となっていた山岡鉄舟《やまおかてっしゅう》のもとに届けられた。鉄舟はこのあんパンを、天皇の食卓に供して大変に喜ばれたという。

幕末の剣豪といわれた鉄舟と安兵衛とは、維新前からの剣道仲間である。安兵衛の妻の弟の木村定助とは、浅利道場の同門であった。鉄舟はなかなかの食通で、銀座の店に来ては、好んであんパンを食べたらしい。禅味を盛れと料理人に教えた、現在の埼玉県小川町の「二葉」でのエピソードもある。また鉄舟は、勝海舟《かつかいしゅう》や高橋泥舟《たかはしでいしゅう》とともに書をよくし、幕末の三舟として豪快な書を数多く残している。木村屋の大看板は、鉄舟が亡くなる前年の一八八八年（明治二一）に書きのこしたものである。

あんパンは宮内省に納品されるようになり、一八八四年（明治一七）頃から、市販品と区別するために、真ん中をへこませて、日本を象徴する花である桜の花の塩漬けをのせるようになった。桜の花びらは、空気の澄んだ富士・西湖《さいこ》周辺の八重桜を採取し、一年間は味が変わらないように、梅酢に漬けこんだ後、塩に漬ける。一八九七年（明治三〇）頃になると、市販品にも桜の花を使い、「木村屋のへそパン」として親しまれる。さらに、表面にケシの実をまぶし、香味を増している。

『木村屋総本店百二十年史』によると、あんは、常温では製造後三時間ほどで腐るという。そのために、冷蔵設備の不完全な頃は、早朝にできあがるような段取りをする。夜通しのあん練り作業である。質のよいあんは、ちぎって宙にかざすと、藤色に透きとおってみえる。あんパンが焼きあがったときに、最もおいしい状態に仕上げるのだが、パン生地とあんの調和した味がすばらしい。創業者の心意気に感じた庶民が、あんパンの魅力に引きつけられたのであろう。

そういえば、「肉食」と「あんパン」の両方に明治天皇が登場するのも奇縁である。近代化を急ぐ文明開化の時代を象徴していよう。

売れ行き急上昇

木村屋のあんパンの値段は、一八七四年(明治七)に一個五厘、一八八二年(明治一五)に一銭となる。欧風化の風潮が最高に盛りあがる鹿鳴館時代になると、あんパンは文明開化のシンボルとして扱われる。

『山田一郎言行録』(一八七七年〈明治一〇〉)によると、東京神田の一ツ橋の通りに、開成学校の学生が利用するあんパン屋があった。学生たちは、小皿五銭、大皿一〇銭のあんパンを食べながら談笑する。物理学者の田中館《たなかだて》愛橘《あいきつ》も常連の一人であったらしい。また、『東京流行細見記』（一八八五年（明治一八））には、木村屋をはじめ一九軒のパン屋の名前がある。当時のパンの種類は、「しょくパン・くわしパン・あんパン・かたパン」とある。

一八八五年（明治一八）の春のこと、銀座通りを、広目屋という楽隊の一団が練りあるいた。仮名垣魯文が名付け親になり、開店披露や大売り出しの宣伝に駆りだされたのである。

赤い上着に黒ズボンという派手な衣装で、静かな銀座の町並みを、大太鼓をたたきながら騒がしく巡回した。今日のように、テレビなどのメディアがない時代であったから、たちまちのうちに街中の評判となった。「パン、パン、パン、木村屋のパン」と威勢よく拍子をとりながら、「木村屋のパンをごろうじろ、西洋仕込みの本場もの、焼きたて出来たてほくほくの、木村屋のパンを召しあがれ、文明開化の味がして、寿命が延びる初もの、初もの」と歌いあるいた。

一八八七年（明治二〇）には、東京日本橋蠣殻町の中島座の歌舞伎正月興行にとりあげられ、初代市川猿之助らが、木村屋の広目屋風景を演じている。このときの松堂国政の錦絵が評判となり、文明開化のムードにのった宣伝は、全国に伝わったという。

一九〇五年（明治三八）頃から、あんパンの駅売りが始まり、全国的に普及していく。日清戦争の後に、台湾から砂糖が大量に運ばれ、菓子パンが作りやすくなり拍車をかける。食パンの売れ行きも、あんパンの人気とともに少しずつ上昇しはじめる。明治から大正の後期にかけては、木村屋の店頭で、毎日一〇万個のあんパンが売れたという。いつも長蛇の列ができ、三〇分以上も待たされたと記録にある。お盆や法事の引出物にまで、あんパンが利用されていたのである。

ついでにいうと、あんパンは、第二次世界大戦後に、一時発売が中止される。しかし、一九五一年（昭和二六）に復活すると、再び元通りの人気を取りもどし、今日もなお、木村屋の銀座の店頭では、むかしながらの盛況が続いている。

代用食としてのパン

話を明治二〇年代に戻すと、パンの新たな需要がおきていた。一八八九年（明治二二）の大凶作、米騒動の中での米の高騰である。庶民の食生活は、著しく困窮する。そこに、「付け焼きパン」が登場するのである。同年の『団々珍聞《まるまるちんぶん》』に、パン屋の売り子の狂画が描かれている。シルクハットにぞうりばき、大太鼓を前につけて、「はい、これは皆さん御承知の勉強のパン、勉強のパンたら勉強のパン、メリケンパンにドイツのパン、さあさあいらっしゃい、御評判を願います」と口上を述べている。

一八九〇年（明治二三）の『東京朝日新聞』によると、屋台店で「付け焼きパン」が流行している。一切れ五厘で砂糖蜜がつく。車夫仲間では、一膳飯よりも簡便で経済的と人気があり、盛んに売れる。米価の高騰にともない、ますます繁盛する。実力主義のアメリカ社会と比較して、「今日は往来の付け焼きのパン売りが、明日は鉄道の会社長」とある。さらに、「つけ焼きパンの露店増える。下等なコムギ粉で作った食パンに、醤油・味噌・きな粉・蜜などをつけて焼いたパン。一切れ五厘の安さで飛ぶように売れる。このコムギ粉の需要で、東京府下の下等コムギ粉の相場が高騰する」とある。

同じ年の『東京日日新聞』に、一般市民も二等米を食っていた者は五等米に、下級社会ではパン・焼芋・粥《かゆ》・麦粉・豆腐粕《かす》に切りかえ、兵舎の残飯売りは大繁盛とある。幸田《こうだ》露伴《ろはん》は一八九一年（明治二四）発表の短編『真言秘密聖天様』の中で、東京下谷浅草の庶民のその日暮らしの職業に、「棒手振《ぼてふり》、車夫《くるまや》、鍋焼饂飩《なべやきうどん》、おでんや、茹《ゆで》あづき、麵包《パン》の付焼《つけや》き、駄菓子売り、日雇人足《ひやとひにんそく》」をあげている。

大凶作が続いて、一八九七年（明治三〇）には、再び米騒動が起こる。このような米騒動は、大正時代にも頻繁になる。関東大震災後には、玄米粉を混ぜた「玄米パン」が現れる。「玄米パンのできたて、ホヤホヤー」と屋台を引いて売り歩く。こうなると、パンは、主食か間食かの議論も鳴りをひそめてしまう。パンが脚光を浴びて米の代わりになると、代用食と呼ばれる時代になった。

なお、明治も末頃、「ロシアパン」が一時流行する。恵比寿や大黒の姿になり、「パン、パン、ロシアパン」と叫びながら、箱車をひいて歩く。与謝野《よさの》鉄幹《てつかん》の「ロシアパン売り」に、

「ぱんぱんとわろき売り声　ろしやパン売りのかなしさよ　妻子ある身のかなしさよ　暑き

町の裏町を　パンパンと喚《よ》んで行く」とある。たしかに、街頭のパン売りには、どこか寂しさが漂っていた。なぜであろうか。

菓子パンと調理パン

さて、日本独特の「あんパン」が誕生すると、その後は、菓子パンが続々と登場する。一九〇〇年（明治三三）に木村屋が、イギリスのサンド・ビスケット用の杏《あんず》ジャムをもちいた「ジャミパン（ジャムパン）」を、一九〇四年（明治三七）に東京新宿の「中村屋」が、フランスのカスタードクリームを包みこんだ「クリームパン」をつくりだし、いずれもヒット商品になる。後者はシュークリームからの発想である。あんパンからは、「あんドーナツ」の発想も生まれる。

このような菓子パンの台頭を契機に、今度は何でもはさんでしまう「調理パン」が次々につくりだされる。なかでも、一九二七年（昭和二）に、東京深川の「名花堂」（現在の「カトレア洋菓子店」）がつくった「カレーパン」は、洋食パンとも称され、あんパンに対抗して洋風のカレーあんを包み、油で揚げた画期的なパンになる。カレーパンは、今日もなお人気が続いている。

庶民の食卓にあふれる世界のパン

発酵型のパンが伝えられてから、今日まで四〇〇年を経ている。幕末から明治にかけて、兵糧パンや兵食が活発に開発され、画期的なあんパンがつくられた。菓子パンや調理パンもつぎつぎに登場した。一方、その間、世界のパンが、続々と日本に押しよせた。ポルトガルの南蛮菓子のパン、長崎のオランダ屋敷のパン、唐人屋敷の蒸しパン、そしてフランスのパン、イギリスのパン、ドイツのパン、ロシアのパン、オーストリアのパン、アメリカのパン等々である。

そして、大きな混乱も起こらずに、イギリス系の大型の型焼きパン、フランス系の小型の直焼きパン、アメリカ系のリッチなパン、日本の菓子パンや調理パンを中心に、パン屋の店頭には、世界中のパンが満ちあふれるようになった。庶民の食卓には、毎日のようにさまざまなパンが並べられていった。第二次世界大戦後に、日本は世界のパン王国に変身していたのである。

第五章　洋食の王者、とんかつ

1　とんかつの謎

六〇年間の努力

西洋料理に、パンは必須のものである。前章では、日本でパンが発展してゆく経緯を眺めてきた。なかでも、和洋折衷型の「あんパン」がつくりあげられたことは、パン食を軌道にのせる糸口となり、その後の食生活に大きな影響を与えている。ところで明治期のもう一つの大きな食の展開は、本格的な西洋料理を吸収・同化しながら、独特な和洋折衷料理＝「洋食」を作りあげた、先人たちの活躍ぶりである。

なかでも、「とんかつ」がつくられる歴史は、一つのドラマを構成している。一八七二年（明治五）に、明治天皇の獣肉解禁があり、一九二九年（昭和四）に、とんかつが出現するまで、六〇年近い歳月が流れている。すなわち、牛鍋がすき焼きにかわる頃から、庶民の肉食への抵抗が薄らぎはじめていた。その後六〇年をかけた先人たちの努力の積みかさねにより、日本人好みのとんかつができあがった。そこにはどのような経緯があったのだろうか。

その結論を先取りしていうと、そこには次のような「ドラマ」があったのである。

①牛肉から鶏肉、そして豚肉への変遷、②薄い肉から分厚い肉への変遷、③ヨーロッパ式のサラサラした細かいパン粉から、日本式の大粒のパン粉への変遷、④炒め焼きからディープ・フライへの変遷、⑤さらには、西洋野菜の生キャベツの千切りを添えて、⑥予《あらかじ》め包丁を入れて皿に盛り、⑦日本式の独特なウスターソースをたっぷりかけて、⑧ナイフやフォークではなく箸を使って、⑨味噌汁（豚汁・しじみ汁）をすすりながら、⑩米飯で楽しむ和食として完成する——。

これだけの食の変遷に、六〇年の歳月が費やされたのである。外来の食べ物を、このような執念で吸収・同化していった食の文化は、他国ではあまり例がないであろう。

興味深いことだが、江戸期に大成した日本料理では、コムギ粉はあくまで脇役の素材でしかない。ところが、「あんパン」も「とんかつ」も、コムギ粉を華麗に変身させた料理である。「コロッケ」も「カレーライス」も、コムギ粉なしでは作れない。和洋折衷料理＝「洋食」とは、まさしく、コムギ粉料理の和食への導入ともいえる。では「とんかつ」は、どのようにして誕生したのか。その謎をたんねんに追いながら、日本人の食の文化の核心にふれてみたい。

とんかつの語源

まず、「とんかつ」という言葉の説明から、話を進めていこう。とんかつの語源は、フランス語のコートレット（côtelette）に由来する。コートとは、子牛・羊・豚の骨付きの背肉やロース肉（英語ではチャップ）、背肉の形にカットした肉のこと。コートレットは、英語では、カットレット（cutlet）である。さらに料理としては、子牛や羊肉の骨付きの切身に、塩・コショウをして、コムギ粉・卵黄・パン粉をきせて、バターで両面をキツネ色に焼き上げたものである。

このカットレットが詰まって、日本ではカツレツと呼ぶようになる。福沢諭吉の『増訂華英通語』（一八六〇年〔万延元〕）に、すでに「cutlet—吉列《かつれつ》」とある。カツレツには、縁起のよい当て字が多い。勝烈・勝列・勝礼津・佳津烈・活烈など、カツレツ店は屋号に工夫を凝らした。

明治初期の段階では、見よう見まねで、ビーフやチキンの素材を取りあげて、ビーフカツレツやチキンカツレツを作る。しかし、ビーフカツレツは、すき焼きのようには普及しなかった。後に現れる「ポークカツレツ」こそが「とんかつ」の前身となったもので、ビーフやチキンをポークにかえた、豚肉のカツレツである。一八九五年（明治二八）に、銀座の洋食店の「煉瓦《れんが》亭《てい》」が、ポークカツレツを初めて売りだしたとされる。天皇の獣肉解禁の一八七二年（明治五）から数えて、二三年後のことであった。

このポークカツレツは、一九〇七年（明治四〇）頃から流行しはじめ、大正期には、三大洋食の一つとなり、庶民の人気を得つづけたあと、ついに昭和初年、上野で分厚い肉の「とんかつ」が売りだされるのである。これは、日本語の豚《とん》と、英語のカットレットから生まれた造語であり、日本の代表的な洋食になってゆく。

ホールコットレッツととんかつ

とんかつのルーツは、どこにあるのだろう。特定することは、なかなか難しい。しかし、西洋料理のなかに、ルーツらしきものはいくつもある。その代表的な西洋料理に、「ホールコットレッツ」がある。

森島中良《もりしまちゅうりょう》『紅毛雑話《こうもうざつわ》』（一七八七年〈天明七〉）の「オランダ人の料理献立」のなかに、鶏肉の紙包み焼きのコテレットがある。ホールコットレッツの作り方を、広く紹介したのは、仮名垣魯文の『西洋料理通』（一八七二年〈明治五〉）である。「豕《ぶた》の腋部《あばら》の肉冷残《にあまり》の物、ボートル（バター）一斤の十六分目、葱二本、小麦粉ジトルトスプウン匙に一杯、三十八等の汁五合五勺、塩、胡椒、加減酸《す》食匙に一杯、芥子《からし》を少々とき酸《す》と交らす。右の製法、豕の腋部の肉五分斬《ぎり》脂肉を去り、葱を刻みボートルを鍋中に投入《いれ》て、豕の五分切及び刻み葱を投混《いれまぜ》て、薄鳶《とび》色に変たるを目度《めど》とし揚《あげ》、さる後に外《ほか》の品々を投下《いれ》て十ミニユートの間緩々《ゆるゆる》煮べし」とある。図13は、『西洋料理通』のホールコットレッツの項で、河鍋暁斎の挿絵が

目葱《ねぎ》二本小麦粉《こむぎのこ》ジトルトスプウン匙《さじ》に一杯
三十八等の汁五合五夕塩胡椒《しほこせう》加減《かげん》酸食匙《すさじ》に
一杯芥子《からし》をよくゝき酸《す》と交《まぜ》らせ
右製方
一豕《ぶた》の腋部《あばら》の肉《にく》五分斬脂肉《あぶらみ》を去《さ》り葱《ねぎ》を刻《きざ》みボ
ートルを鍋《なべ》中に投下《いれ》て豕《ぶた》の五分切及《きりおよ》び刻《きざ》み
葱《ねぎ》を投混《いれまぜ》て薄鳶色《うすとびいろ》に変《かへ》るを目度《めど》とそ揚《あげ》さ
る後《のち》外の品々《しなじな》を投下《いれ》て十ミニユートの间
緩々《ゆるゆる》煮《に》るべし

図13　『西洋料理通』の中の「ホールコットレッツ」の項

おもしろい。

ホールはオランダ語で豚肉、コットレッツは骨付きの背肉やロース肉の切り身のこと。英語でポーク・カットレットという。

この料理は、豚のロース肉をもちいたポークソテーで、今日のとんかつの調理加熱法とは、まったく異なっている。ソテーというのは、西洋料理で、獣鳥肉・魚・野菜を、少量の油を引いて強火で炒《いた》める調理法である。今日でも、頻繁に使う加熱調理操作である。バター焼き・オイル焼き・バター炒めといった方がわかりやすい。ソテーには飛びはねる・踊るという意味がある。具材が焦げつかないように、鍋を揺りうごかし躍らせながら加熱する方法である。

ホールコットレッツの特徴をあげて、日本のカツレツやとんかつと比べてみよう。

①『西洋料理通』では、素材に豚肉をもちいている。日本の場合、明治の初めの肉食奨励は牛肉が中心であり、料理としては牛鍋になり、すき焼きになった。そして、日本のカツレツの素材としては、ビーフやチキンが最初に取りあげられた。ポークは後に現れる。鹿鳴館時代のメニューに残るカットレットのなかに、フランス料理の「コートレット・ラ・ヴィクトリア」がある。ヴィクトリア風コートレット（邦訳、牛背肉山葵《わさび》製）で、ここでは、素材に牛肉をもちいている。これがカツレツとなり、とんかつに生まれ変わった時点で、料理は「西洋食」から「洋食」へと変身したといえる。

②もう一つ、ホールコットレッツでもちいられた「骨付き肉」が、箸で食べやすい「骨無し肉」のカツレツに変わったことがあげられる。山本直文の『仏蘭西料理要覧』（一九五六年〔昭和三一〕）のコートレットの説明に、「これは本物ではなく、コロッケの材料を肋骨のついたコートレット形に作ってバター焼きにしたもので、骨はマカロニか揚げパンを使う」とある。コロッケを料理の付け合わせ（ガルニテュール）にするフランス料理では、そんな凝った細工をしたのだろう。

③また、ホールコットレッツではコムギ粉をまぶすだけで、パン粉はもちいていない。『西洋料理通』と同じ一八七二年（明治五）に刊行された『西洋料理指南』には、イギリス風の子牛肉のカットレットが紹介される。こちらはパン粉をもちいている。

このほか、とんかつのルーツらしきものを列挙してみよう。

〔コートレット・ド・ポール・パネ〕

『西洋料理通』のホールコットレッツは、コムギ粉をまぶすだけで、パン粉はもちいない。パン粉をきせることをパネという。豚の骨付きあばら肉に、イギリス風にパン粉をきせると、コートレット・ド・ポール・パネになる。バター・ラードで炒め焼き（ソテー）して、表面に焦げ目をつけてから、オーブンに入れて中まで火を通す。ドミグラスソースを添える。こちらの方が、とんかつのルーツに近い。

〔パネ・アングレーズ〕

子牛や羊肉の切り身に塩・コショウして、コムギ粉・溶き卵・パン粉の順に、イギリス風に衣をきせたものを、パネ・アングレーズという。直訳すると、イギリス風にパン粉をきせたものという意味になる。西洋料理でよく使われる言葉である。

〔エスカロップ〕

フランス料理で骨のつかない肉は、カットレットとはいわない。エスカロップという。肉・魚を一センチほどの薄切りにする。たとえば、エスカロップ・ド・ボー・ア・ラ・ビエノワーズといえば、子牛肉のウイーン風で、コムギ粉・溶き卵・パン粉を順にきせて、バターで焼きあげる。骨がつかないところは、とんかつに似ている。

〔ウインナーシュニッツエル〕

ウイーン風カツレツともいう。ドイツやオーストリアの子牛料理である。シュニッツエルとは、あばら背肉の切り身のこと。子牛肉の切身を薄く叩きのばし、塩・コショウして下味をつけてから、コムギ粉・溶き卵・パン粉をきせて、少量のバターで炒め焼きにする。レモンと相性がよい。パン粉は、後にふれるように、ヨーロッパ風の細かい粟粒状のものでサラサラしている。日本で作られた初期のビーフカツレツは、薄い牛肉を炒め焼きしたもので、ウインナーシュニッツェルに似ている。

〔コートレッタ・ア・ラ・ミラネーゼ〕

イタリアのミラノ風（子牛肉）のカツレツ。通称は、ミラノ風カツレツという。オリーブ油や、衣にパルメザンチーズをもちいるところが、ウインナーシュニッツェルと異なる。どちらが先にできた料理法なのだろうか。エスカロップもある。

〔ミートフォンデュ〕

フランス語でフォンデュ・ブルギニョンヌという。ブルゴーニュ風のミートフォンデュのこと。牛ヒレ肉をフォンデュ用フォークに刺し、フォンデュ鍋で好みの程度に火を通す。たっぷりの油で揚げるという操作は、とんかつを揚げる加熱調理に似ている。しかし、揚げるというよりは、油のなかで加熱するという操作に近い。

ルーツ料理の共通点

以上に述べてきた、ヨーロッパのさまざまな料理の共通点は、

①骨付き肉が基本であるが、エスカロップ、ウインナーシュニッツェルのように骨を抜いたものもある。
②薄く叩きのばし、繊維を断ち切って肉質を柔らかくする。厚いままの肉では、火通りが悪い。
③パン粉は、サラサラしたヨーロッパ式の細粉である。コムギ粉をまぶすだけのソテーもある。
④油脂は、バターかヘットで、オリーブオイルもある。欧米の油料理の基本は、素材の肉と同質の油をもちいる。ギリシア・トルコ・イタリア・スペインでは、オリーブオイルを多用する。
⑤揚げるというよりは、炒め焼きのシャロー・ファット・フライング（後述）がほとんどである。

実はとんかつでは、これら①〜⑤までの調理操作が和風化されているのである。とんかつのルーツを追いもとめると、ヨーロッパの料理の影響を受けながら、すっかり和風化されていることがわかる。

2 揚げ方の秘密

揚げ物料理と日本人

ところで、江戸期までの日本料理の大きな特徴として、素材に肉をもちいないことと、てんぷらを除いては油料理がほとんどないことがあげられるだろう。それだけに、肉や油を多用する欧米の料理に接触したときには、激しいカルチャーショックを受けたに違いない。後に現れるさまざまな洋食には、油で揚げた料理のおいしさの中に、先人たちが追求した手軽さや新鮮さを感じることができる。それも長い時間をかけて、とんかつ・串かつ・コロッケ・魚フライ・カキフライができあがったのだが、これらに共通する「揚げる」という調理操作の面から、とんかつの魅力を探ってみたい。

まずは、日本人と揚げ物料理の関わりを追ってみよう。中国が宋王朝だった時代に、油をもちいる禅林《ぜんりん》料理が伝えられた。そして鎌倉から室町期にかけて、仏教寺院を中心に独特な「精進揚げ《しょうじんあ》」がつくられる。さらに、南蛮料理の渡来により、油脂をもちいた料理や菓子が紹介される。しかし、庶民にはあまり普及しなかった。

長い鎖国の間に大成した日本料理は、淡泊な味が特徴である。油をたくさんもちいる料理はほとんど見当たらない。この間に育てられた「てんぷら」は、南蛮料理・卓袱《しっぽく》料理・普茶《ふちゃ》料理の影響を受けながら発達し、洋風や中国風の調理法が混じりあって完成した和食料理である。江戸後期の屋台のてんぷら屋は、江戸っ子の人気を集めて広く普及した。このてんぷらの技術が、やがてとんかつの誕生に生かされるのである。

世界の揚げ物料理

揚げるという加熱調理法は、古代ギリシアやローマ時代からおこなわれている。水を使わない高温短時間の乾式加熱で、油の対流により熱を伝える。煮たり茹でたりする調理では、水は摂氏一〇〇度で沸騰《ふっとう》するから、このなかで素材はゆっくり加熱される。揚げ物料理では、摂氏一六〇～一九〇度の高温加熱が可能である。素材のもつ本来の色調・形状・風味・栄養をそこなわずに、きわめて短時間に、料理を仕上げることができる。

ところで、世界の各地には、さまざまな揚げ物料理が発達している。揚げ物料理の特徴をまとめると、

①もちいる油の種類は、イタリア・ギリシアなどはオリーブ油、フランス・北欧はバター、ドイツはラード、東南アジアはココヤシ油、朝鮮半島はゴマ油、中国は動物油（ラード）と植物油（ゴマ・落花生）を使いわけるなど、千差万別である。それぞれの地域で栽培され、入手しやすい油糧《ゆりょう》種子を利用している。日本では、ゴマ・椿・カヤ・落花

日本料理	素揚げ	そのまま揚げる
	から揚げ	粉をまぶして揚げる
	精進揚げ	蔬菜類に衣をつけて揚げる。衣揚げ
	竜田揚げ	醬油につけ，澱粉をまぶして揚げる
	天ぷら	魚介類に衣をつけて揚げる。衣揚げ
西洋料理	そのまま	そのまま揚げる。クルートン，ポテトフライ
	から揚げ	粉をまぶして揚げる
	ムーニエール	粉をまぶしてバターで焼く
	フリッター	衣に砂糖，卵を加えた洋風天ぷら
	イギリス風に衣を着せる	パン粉をつけてバターで焼くか揚げる。ウインナーシュニッツェルなど（日本では，フライと呼んでいる）
中国料理	清炸（チンザア）	下味をつけただけで，そのまま揚げる
	乾炸（ガヌザア）	片栗粉，コムギ粉，パン粉などをまぶして揚げる
	軟炸（ロアヌザア）	衣をつけて揚げる
	酥炸（スウザア）	衣に油，膨張剤，木の実などをまぜて揚げる

表２　揚げ方の種類と特徴（岡田哲『コムギ粉の食文化史』より）

生に始まり、ダイズなどの植物油が主体となる。

②揚げる材料についても、植物性か動物性か、獣鳥肉か魚介かで、揚げ物料理の内容は異なる。

③衣材の使い方は、さまざまである。コムギ粉をまぶす、でんぷんを混ぜる、水溶きにする、卵・砂糖・牛乳を加える、パン粉をきせるなどの工夫がある。

④パン粉の種類は、ヨーロッパ・アメリカ・日本では異なる（表４参照）。

⑤表２にしめすように、揚げ方の種類や料理には、さまざまな特徴がある。

⑥食べ方も違う。たとえば、コロッケは、イギリスでは主体料理であり、フランスでは付け合わせである。

日欧の揚げ方の差

西洋のカットレットから、日本のとんかつが誕生していく過程で、後述するように、揚げ方は大きく変わる。ところで世界の揚げ物料理の代表的な揚げ方には、つぎのような系統がある。

①日本のてんぷら・フライは、大量の油をもちいるディープ・ファット・フライング(deep fat frying)である。

②欧米では、カットレット、ウインナーシュニッツェルのように、少量の油で炒め焼きする、シャロー・ファット・フライング(shallow fat frying)が一般である。

③フライパンに薄く油を引いて、肉を焼いたり目玉焼きを作る手法は、パン・フライング(pan frying)という。日本では、揚げるというよりは、焼く・炒める・あぶるという呼び方になる。

④中国料理になると、内容は一変する。中国料理は、油料理といわれるほどに油の使い方は実に巧みで、多種多彩である。中華鍋一個で、どんな素材も油処理してしまう。

このような揚げ方の違いからみると、日本のとんかつは、薄い肉の炒め焼きから、厚い豚肉を、たっぷりの油で揚げる方式に変わっているということができる。

究極の調理技術、てんぷら

西洋料理と日本料理の加熱調理法の違いについて、もう少しくわしく追いかけてみよう。

西洋料理では、加熱調理のことを「クッキング」という。オーブンで肉を焼く（ベーク）ことが主体である。野菜を炒めたり、蒸し器で蒸す習慣がない。素材の選び方や調理法は、単純で単調である。それを補うために、フランス料理では、多種多彩なソースが発達する。

日本料理は、「割烹《かっぽう》」と呼ばれる。「割」は庖丁《ほうちょう》で素材を切りそろえること。「烹」は茹でたり、煮たり、蒸したり、焼いたりすることである。切っただけの刺身も、蒸した茶碗蒸しも、日本では料理という。欧米では、「割」の段階では、料理とはいわない。したがって、切りそろえただけの刺身は、料理とはいいにくい。幸いなことに、日本では年間を通じて、新鮮な素材が入手しやすい。その上に、さまざまな調理法がある。見て楽しい料理、素材のもち味を引きだす淡泊な料理が、日本料理である。

このような、日本料理の加熱調理法には、縄文から弥生時代にかけての長い間の土器文化が基盤にあると思われる。土で作った土器に食物と水を入れて加熱すると、素材はゆっくりと調理される。水を媒体として利用する、煮る・炊く・蒸すという加熱操作である。野菜や魚介の調理に適している。ついでにいえば、煮方以上が職人で、焼き方以下は一人前の料理人として認めない時代があった。日本料理の体系をよくみると、吸い物・煮物・焼き物・蒸し物のように、水分の多寡や調理法で分けている。

西洋料理では、素材の火の通し方に重点が置かれる。たとえば、フランス料理の油を利用する調理では、ソテー（炒める）・グリエ（網焼き）・ロティール（ロースト）・フリール（揚げる）などがある。料理は、素材中心のフルコースに組み立てられる。ちなみに、中国料理では、青銅器文化の影響により、早くから中華鍋が登場する。強い火力の使用が可能になり、調味を中心に味わう料理になる。そして、五味《ごみ》（甘い、酸っぱい、塩辛い、苦い、辛い）の調和を強調している。

対する日本料理では、茹でる・炊く・煮るが得意である。たとえば、極細のそうめんから、太いうどん・すいとん・だんごまで、経験と勘の巧みさで、最適の加熱条件をすばやく見つけて調理する。この調理法がそのまま、油で揚げるてんぷらにも応用される。形状や固さのまったく異なる天種《てんだね》を相手に、薄い衣や厚い衣の使い分け、油の温度や時間を巧みに調節するなどまさに名人芸で、いとも簡単にこなしてしまう。てんぷらとは、天種に応じた衣や油の最適条件をうまく探し出して、調和させていく調理技術である。

このような経験と勘に頼る加熱調理法は、欧米人の最も不得意とする操作である。油のなかに沈めて揚げる、フライドポテトやフライドチキンはあっても、てんぷらのような巧みな揚げ物料理は、欧米では育っていない。日本には、このような食文化の積みかさねがある。とんかつの揚げ方には、この日本独特の創意と工夫が生かされていったのである。

明治後期と現代の揚げ方

一九〇四年（明治三七）の『西洋料理二百種』に、第五回洋食研究会のレポートがある。「油煎料理《あぶらいりりようり》（フライ）の事」とあり、当時の揚げ物料理の揚げ方を知る貴重な資料である。それによると、フライの作り方には、二種類ある。一つは、鳥獣魚や野菜に衣をかけて、ヘットやラードで揚げる方法で、てんぷらに似ている。もう一つは、バターや油脂で煎《い》りつけ、炒める方法である。

これらのフライ料理の特徴は、

①料理法が簡単で、経済的である。
②フライ鍋は、鉄鍋がよい。煮たり焼いたりする料理と混用しない。使用したら、湯ですぐに洗っておく。
③揚げ油は、ラードがよい。バターより価格が安く、焦げつきにくい。
④肉を焼いたときに、したたり落ちる油でもよい。
⑤油を入れたフライ鍋を烈火にかけ、沸騰してチラチラと青い蒸気が昇る頃に、衣をかけた素材（肉）を投入する。
⑥衣は、てんぷら衣とは異なる。舶来のメリケン粉か、溶き卵に入れてから、麪包屑《パンくず》をま

ぶす。

⑦四〜五分して、衣が黄金色になったら金杓子《かなしやもじ》で引きあげ、熱いうちに食卓に運ぶ。

⑧煎付《いりつけ》料理では、フライ鍋に脂肪《あぶら》（バター・ラード・オリーブ油・したたり脂肪、いずれでもよい）を入れ、烈火にかけて油を熱してから投入する。五分間で狐色になる。紙を敷いた皿にとり、油が乾いたら他の皿に移す。

明治初期に紹介されたホールコットレッツの揚げ方が、すでにここまで吸収・同化されていることがわかる。

話が一気に飛ぶが、これより七〇年経過した、昭和五〇年代の家庭料理書により、とんかつの典型的な揚げ方を整理してみよう。もちろん、家庭でも「とんかつ」が自由に揚げられる時代になっている。

①豚肉（ロース肉・もも肉）は、二センチほどの厚さに切る。余分の脂肪は取りのぞく。揚げたときに縮まないように、白い筋は切り取るか、庖丁の先で切っておく。

②すりこ木かビールビンで、肉の両面を軽く叩き、肉質を柔らかくしてから、塩・コショウする。

③コムギ粉を、薄く均一につける。余分の粉は振りおとす。粉がつきすぎると、ぼってり

した仕上がりになりおいしくない。

④溶き卵はたっぷりとつける。

⑤生パン粉は、均一になるようにていねいにつけ、形を整える。

⑥油の温度は、摂氏一六〇～一七〇度がよい。裏と表を返しながら、五～六分で揚げる。

⑦油から取りだす前に、一八〇度に上げると、油の切れがよくなる。温度が低いと、パン粉ははげやすく、油の切れもわるくなり、重たい感じになる。

⑧少量の油で、炒め揚げにする方法もある。

日本人の知恵

揚げ方のコツを、もう一度整理し直してみよう。

①たっぷりの油で揚げると、油の温度が下がりにくい。

②衣をつけてすぐに揚げると、衣がはがれにくい。

③豚肉は、牛肉や鶏肉に比べて、脂肪量が比較的多く、揚げ油を吸収しにくい。そのために、豚肉は、中温でゆっくり揚げることができる。これはとんかつを揚げるときのきわめて重要なことである。

④平らに成型することにより、裏返しながら両面を揚げることができる。

⑤分厚いとんかつは、中温の油でゆっくり火を通し、最後に高温の油に移し、油切れをよくする。二度揚げ、三度揚げも可能である。一度揚げてから引き上げて、数分間放置すると、熱が肉の内部に伝わるので、この操作を繰りかえす。
⑥薄いとんかつは、中温の油でさっと揚げる。
⑦揚がったら、二〜三分置いて蒸らすと、なかまで熱が伝わる。

今日の私たちには、しごく当然のようなこれらの揚げ方のコツのなかに、とんかつを誕生させた、先人たちのすばらしい調理の知恵がたくさん織りこまれていることを知ることができる。

3　豚肉と日本人

豚のルーツ

とんかつの主要な素材となる豚(肉)は、日本人とどう関わってきたのだろう。

豚は、イノシシ科に属する哺乳類である。四〇〇〇〜五〇〇〇年前に、野猪を家畜化したもので、原産地はアジアからヨーロッパ一帯とされる。一八世紀に、中国の種豚をイギリスで改良し、ヨークシャー種(白豚)やバークシャー種(黒豚)ができる。

中国料理には不可欠な素材であり、またドイツ人は、ハムやソーセージ作りに卓越した加工技術をもち、あますところなく利用する。しかしその一方、イスラム教やユダヤ教では、戒律により豚肉の食用を禁止している。

豚という日本語の由来は不明である。蒙古語のボトン、朝鮮語のチプトヤチ、スンダ語のビチス、シャム語のバチがなまったとする説、太っている様から猪太《いぶと》と称し、詰まってブタになったとする説もある。

豚箱・豚野郎・豚児《とんじ》・豕心《ししん》（貪欲な心）など、豚という字は、あまりよい意味には使われない。しかし一説では、家という字を分解すると、「うかんむり」は家屋、「豕」は豚のことであるとされる。豚などの生けにえを神に供える神聖な場所を意味し、漢民族が中国大陸を支配したときに、住居を家と称したことに始まるともいう。

中国では、牛・馬・羊・豚・犬・鶏の家畜を六畜と呼ぶ。日本でも『日本書紀』の仁徳天皇の条や天智天皇の条に豚についての記述があり、飼育されていたことがわかる。天武天皇の殺生禁止令（六七五年〔天武天皇四〕）では豚は除かれていたが、そのころから飼育がおとろえた。

豚が伝来する

はるかに下って江戸初期になると、豚は、中国から琉球を経て薩摩に伝えられる。薩摩汁

（豚汁）がつくられると、九州の武士・蘭学者・蘭医が好み、薩摩汁も一緒に東上して江戸に伝えられる。江戸で薩摩汁が普及したのは、薩摩藩邸からとする説がある。また長崎では、渡来した中国人が豚を飼育し、薩摩でも盛んであった。長崎のオランダ人は、ハムやソーセージをつくっていた。このような影響により、長崎や薩摩では、豚肉を公然と食べる習慣ができた。

司馬江漢の『西遊日記』によると、江戸中期の長崎には、豚肉や牛肉を食べさせる店があった。一八〇五年（文化二）に長崎に旅した大田蜀山人《おおたしょくさんじん》は、江戸への手紙のなかで、「とかくニワトリ、ブタの類を用い申し候」と書き、獣肉を食べることに驚嘆し、「一段の珍事」と記している。頼山陽は、一八一八年（文政元）に、薩摩で豚肉を、さらに、一八三〇年（天保元）には、薩摩より到来の牛肉を賞味している。

豚の腿肉の塩漬けを乾燥させると、中国人好みの火腿《フオトイ》（臘乾）ができる。今日のハムに相当し、日本人の嗜好にも合う。琉球の塩漬け豚は、豚肉に食塩をつけ、荒縄を巻いて作る。「縄巻」と呼ばれ、上等な食べ物である。塩抜きをして茹でて、さまざまな料理にもちいる。長崎料理では、「豚の角煮」「豚のソボロ」が珍重される。

豚肉は、南蛮料理や卓袱料理の素材になってきたが、品のよい食べ物とはされていなかった。その豚肉が、明治維新の後に脚光を浴びはじめるのである。

明治の養豚政策

一八六九年（明治二）に、新政府は牧牛馬掛《がかり》を設ける。種豚を中国から輸入し、需要が高まると養豚を盛んに奨励する。同じ年に、神奈川の角田米三郎は、協救社を創立し、養豚と豚肉消費を促進する。角田は、①飢饉が多い日本では貴重な資源となる、②肉食により、身体は壮健になる、③また、豚は残飯で飼育できるので、大切な穀類を食いのぼせる、と主張した。

しかし、病豚肉の売買や人家の密集した地域での飼育に問題が発生し、新政府は、奨励と禁止を繰りかえすことになる。牛肉と異なり、豚肉は猪肉に近い。文明開化の感覚に合わず、新時代の食べ物としては、しばらく敬遠されていたのである。

ところが、しだいに豚肉の需要が高まってくると、一九〇〇年（明治三三）に、農商務省はアメリカやイギリスより種豚を輸入し、本格的な養豚事業に乗りだす。明治の半ばごろから、洋食屋とか、一品料理店と称する店が目立ちはじめており、この頃処理した豚の半数以上は、ポークカツレツなどの洋食の素材になっていたとも言われている。洋食の味として、庶民は、しだいに豚肉の味になじみはじめていた。

村井弦斎《むらいげんさい》の『食道楽』（一九〇三年〈明治三六〉）に、「近頃は西洋からヨークシェヤだのバークシェヤだの色々な豚の種類が来るけれども、あれは皆んな支那豚を種にして欧羅巴《ヨーロッパ》在来の種類を改良したものだ。何《ど》うしても豚の元祖は支那だから豚の種類も食用に適して居るし、料理方も豚は支那風のが一番味《うま》いね」とある。この頃すでに村井弦斎は、中国とヨーロッパの豚の味の違いを指摘している。

東京で処理した豚は、一九〇七年（明治四〇）に三万七〇〇〇頭、一九一二年（大正元）に六万二〇〇〇頭で、わずか五年間で七割近く増加している。ある統計によると、年間一人当たりの豚肉の消費量は、一八八三年（明治一六）に四グラム、一八九七年（明治三〇）に一二二グラム、大正末から昭和初期にかけて五〇〇グラムと、飛躍的に増加している。

もう一つの大きな豚肉の消費分野は、ハムやソーセージへの加工である。ハムには、豚の腿肉《もも》という意味があり、豚の腿肉の塩漬けを燻煙《くんえん》加工して作る。古代ギリシアやローマ時代に誕生し、一二〜一三世紀には、ヨーロッパの各地で作られるようになった。中国でも、一〇世紀の宋の頃より火腿《フォトイ》がみられ、豚肉の貯蔵法として価値が高い。

ハムやソーセージは、期せずして洋風と中国風の二つの料理の素材として、明治の日本に伝えられた。一八七二年（明治五）、長崎の片岡伊右衛門は、アメリカ人のペンニスの指導によりハム製造を試みる。一八七四年（明治七）、イギリス人のウィリアム・カーティスは、神奈川県鎌倉郡川上村で、ハム製造を始める。後の鎌倉ハムである。

東京帝大教授の豚肉料理法

当時の新聞や雑誌から、豚肉の評判を見てみよう。一八七二年（明治五）の冬に、東京で豚肉や鶏肉が販売され、兎肉とともに高騰する。前述したように、一八七三年（明治六）の『東京日日新聞』に、大阪松屋町の谷村某は、豚肉は健康によくないので、食うべからずと投書する。また、永田町あたりの豚小屋は、ひどく不潔で臭気が強く、付近の住民が騒ぎだして、悪疫の流行を心配した。

一八八二～八三年（明治一五～一六）頃から、東京で豚肉の需要が増えはじめ、千葉県で飼育が盛んになる。

一八九四年（明治二七）刊の常盤木亭主人『即席簡便西洋料理法』に、各種の肉料理、牛肉や豚肉の塩漬けが紹介される。一八九五年（明治二八）刊の大橋又太郎『実用料理法』に、火腿を利用した料理がのる。一八九六年（明治二九）の『風俗画報』には、沖縄では子供も大人も豚肉を好み、首里や那覇では、毎朝百余頭の豚が処理されたとある。一九〇二年（明治三五）の『日本』に、東京日暮里の養豚家が、婦人にも好まれる豚肉料理の試食会を、連続して開催するとでており、献立は、西洋料理・日本料理・琉球料理・中国料理などさまざまあったという。

一九〇六年（明治三九）の『国民新聞』によると、天狗煙草の岩谷松平は、豚肉宣伝の披露会を東京渋谷の自邸で開いた。養豚や豚肉の効用を説き、豚肉料理の試食会をおこなったという。このほか、東京帝大教授で豚の解剖学の権威であった田中宏は、一九一九年（大正八）に『田中式豚肉調理』を刊行するが、この本は豚肉料理を普及させた料理書として知られている。豚肉を食べないのは「宝の山に入りて手を空《むな》しうするもの」として、さまざまな豚肉料理を考案した。

こうしたさまざまな情報を通じて、庶民の豚肉への関心は、急速に高まっていく。「とんかつ誕生」の方へ、庶民は少しずつ近づいていた。

4 とんかつ誕生

ポークカツレツと刻みキャベツ

いよいよ「とんかつ」の誕生であるが、まずその瞬間までを高速度撮影のように追ってみよう。

一八七二年（明治五）に、仮名垣魯文は、『西洋料理通』に「ホールコットレッツ」の作り方を紹介する。それから二三年後の一八九五年（明治二八）に、東京銀座の「煉瓦亭」が、刻み生キャベツをつけた、とんかつの前身となる「豚肉のカツレツ」を売りだす。さらに、二三年後の一九一八年（大正七）に、東京浅草の「河金《かわきん》」が「かつカレー」を売りだす。三年後の一九二一年（大正一〇）に、早稲田高等学院の学生であった中西敬二郎が、「かつ丼」をつくりだす。そして、八年後の一九二九年（昭和四）に、東京下谷の「ポンチ軒」の島田信二郎が、待ちに待った分厚い豚肉を揚げた「とんかつ」を売りだしたとされる

図14　大正期の洋食屋（杉浦幸雄画）

のである。図14は大正時代の洋食屋を示している。

そこにいたるまでには、ホールコットレッツが紹介されてから、およそ六〇年が経過していた。すなわち、明治の初期に骨付きのカットレットが伝えられ、ビーフカツレツやチキンカツレツができる。さらに豚肉によるポークカツレツができる。そして明治期の「洋食」の技法を受けついで、昭和の初期にとんかつが誕生するのである。

このあたりの経緯を富田仁の『舶来事物起原事典』は、「カツレツの考案者は、明治二十八年に銀座で開業した煉瓦亭の主人である木田元次郎であった。（中略）カツレツがとんかつという名になったのは昭和四年頃のことである。宮内省大膳部にいた島田信二郎が、上野のぽんち軒という西洋料理店のコックになり、ポークカツをつくったとき、その名称に悩み、考えた末に平仮名で『とんかつ』と名づけたのである」としている。

さて、それでは改めて『西洋料理通』(一八七二年〈明治五〉)から、話を進めていくことにしよう。

前述したようにこの本で、豚肉を炒め焼きにする「ホールコットレッツ」が初めて紹介される。魚介や野菜中心だった日本人の食習慣は、しだいに肉食にも関心を示しはじめる。しかし、西洋料理は和食とまったく異なり、素材の中心が肉であり、油をもちいる加熱調理が多い。本格的な西洋料理は、容易には普及しなかった。庶民は、牛鍋やすき焼きにより、牛肉に親しむようになる。

一方、これらの本格的な西洋料理のなかで、庶民は「カットレット」に注目する。骨付きの牛肉・羊肉・鶏肉をもちいて、ビーフカツ・ヴィールカツ・チキンカツができる。

さらに、かなり後に、豚肉のカツレツがつくりだされる。これは、一八九五年〈明治二八〉に、前出の木田元次郎が、東京銀座に「煉瓦亭」を開店し、初めて「豚肉のカツレツ」を売りだしたものである。それまでは、フライパンで炒め焼きしてから、さらにオーブンで焼いたりする、手間のかかる加熱調理法であった。この調理操作に、大きな改良を加えて、てんぷらのように、揚げる方法を試みたのである。

すでに述べたように、西洋料理のカットレットは、少しの油で炒め焼きにするソテー方式

（シャロー・ファット・フライング）である。これをてんぷらのように、たっぷりの油で揚げる方式（ディープ・ファット・フライング）に変えてみた。また、余分な骨は抜いてしまう。特製のソースをたっぷりかけ、ナイフとフォークで切りながら食べる。しかしまだ箸で食べることはできない。

この頃は、日本独特のウスターソースやとんかつソースの類はなく、醬油に香辛料を混ぜあわせた自家製のドミグラス風のソースであった。付け合わせに、初めて刻み生キャベツを添えた。忙しくて手が回らない仕事場で、とっさの機転であったという。温かい西洋料理には、温野菜を添えるのが一般的である。その西洋料理の常識破りの大胆な発想が、日本人の嗜好に合った。

「煉瓦亭」のある銀座は、築地明石町《あかしちょう》の外国人居留地に近かった。外国にない西洋料理というので、外国人の常連客にも評判になる。調理場では、今までの一枚ずつから二〜三枚をまとめて、しかも短時間に加熱調理できるので、油の始末が簡単になった。

それまでの添え物（ガルニテュール）といえば、当初は、グリンピース・いんげん豆・青い葉・ニンジン・リンゴであった。その後も、ボイルドポテト・フライドポテト・マッシュドポテト・野菜サラダ・レモン・パセリ・クレソンなどをもちいた。英語でガーニッシュと称する西洋料理の付け合わせは、メインディッシュに添えることにより、料理を美しく引きたて、おいしさを引きだし、栄養的に調和をはかる、などの効用がある。

煉瓦亭以後、カツには刻み生キャベツが定番となる。日本人には、ガーニッシュの温度の感覚よりも、カツを一口食べた後の、口中の油っこさを拭うさっぱり感が受けたのである。

一九七九年に刊行された小冊子『プロ直伝のおかず　煉瓦亭の洋食』の中で、煉瓦亭三代目の木田孝一は、明治三〇年代初めについてこう記している。「なにしろ、牛肉を食べるときには神封じをする時代ですから、売れなくて売れなくてずいぶん苦労したようです。そのうち、『ちょっとバターのにおいがするから』って寄った明石町の外人が、『ひじょうにチープで量がある』とすっかり気に入り、仲間に宣伝して連れてきてくれたのです。だんだん近所の店の人も食べに来てくださるようになって、ようやく売れてきたのだそうです。（中略）総体に、日本人は外人と違って香辛料に対する認識が薄いもの。ゆず、しそといった日本的な香りにはあまり煩《うる》さくないのに、いわゆる香辛料にはなじみがなかったせいか、ひじょうに神経質です。親爺が外国風の食事の普及に苦労したのもそこにあったわけで、どうしたら日本人になじめるか苦労しました。そのあらわれが、（中略）日本の天ぷらにヒントを得た肉の揚げ物、ポークカツレツの考案ということです」としている。

創業者の苦労がにじみ出ている。その明治のカツレツを食べたくて、今日もなお店の前に行列ができる。

池田弥三郎は『私の食物誌』（一九八〇年）のなかで、煉瓦亭のカツレツを懐かしんでいる。「ポークカツレツは、日本式になりすぎたトンカツとレストランのいわゆるカットレットのカツレツの丁度中間をいく。いかにも洋食という名のふさわしいカツレツである」とある。

庶民、カツレツと戦う

しかし、カツレツ出現当時の庶民の苦労は、たいへんなものであった。ソースのかけすぎで、カツレツが泳いでいる。衣の厚い豚肉のカツレツを切るときに、手に力が入りすぎる。カツが皿の外に飛び出して衣服を汚したり、カツレツをそっくり落としてしまう失敗が、あちこちで繰りかえされた。

その頃、ナイフやフォークはまだオール金属製ではなく、柄のところに牛骨細工がついていた。カツレツとだけ注文すると、ビーフカツが出てきた。豚肉を食べたいときには、豚肉のカツレツ（ポークカツ）と指定していた。しかし、豚肉への好奇心とともに人気が出てきて、洋食屋で二〇～三〇銭の人気メニューとなった。今日では、カツレツといえば、ビーフは影をひそめ、ポークカツ一辺倒となっている。

一方、ポークカツができた頃の上手な食べ方には、江戸っ子の気風が残っている。ソースをたっぷりかけてから、ていねいに衣をはがす。肉は酒の肴にする。時間をかけて酒を飲み終わったら、ソースのしみた衣をほぐして飯と混ぜあわせて、手製の即席カツ飯を作る。このように、ポークカツは、二回楽しめる洋食として評判になった。大正から昭和の不況時代に庶民のご馳走となったのも、意外とこのあたりに理由があったのかも知れない。

まずいという日本人はいない

食通でもあり、食べ物に造詣の深かった池波正太郎は、『むかしの味』（一九八四年）のなかに、昭和初期のポークカツレツを活写している。郷愁をそそる名文が続く。

　豚肉にコロモとパン粉をつけ、油で揚げたポークカツレツは、子供のころの私たちにとって最大の御馳走だった。浅草の下町にあった我家でも一年のうちに何度か、同じ町内の洋食屋からカツレツを出前してもらうことがあった。その小さな洋食屋の名は、たしか「美登広《みとひろ》」といった。この店では、フライやスパゲティやポテト・サラダを盛り合わせた料理を、「合皿《あいざら》」とよんだ。店名といい、この「合皿」といい、いかにも大正末期の名残りが感じられるではないか。中年の夫婦と、はたらきものの娘の三人でやっていた。「美登広」のポークカツレツは、ロースの薄切りを何枚か重ね、丹念に庖丁で叩く。だから子供の口にも年寄りの口にもやわらかかった。出前は娘が受け持っていて、「毎度どうも」と、岡持ちの蓋を開けると、皿と皿の間にワクをはさんだ料理と、小さなソース罎《びん》を取り出す。それを見つめているときの胸のときめきは、いまも忘れない。岡持ちの中から、ぷうんとラードの匂いがただよってきて、おもわず生唾をのみこんだものだ。岡持ちと、ワクをはさんだ皿とソース罎。この出前の洋食のイメージは、実に強烈なもので、子供たちにとって鮨や蕎麦の出前などとは問題にならなかった。豚肉をカツレツにすることが、日本に流行したのは大正の関東大震災以後のことで、それまではビーフカツレツが主導権をにぎっていたようだ。

とある。

さらに、ポークカツレツのおいしさについて、「ソースをたっぷりとかけて、ナイフを入れると、ガリッとコロモがくずれて剝《は》がれる。これがまた、よいのだ。コロモと肉とキャベツがソース漬のようになったやつを、熱い飯と共に食べる醍醐味を、旨くないという日本人は、おそらくあるまい」と記している。

池波正太郎は、洋食が大好きで、銀座の煉瓦亭にもよく通い、その日のでき具合を、店長に話すのが楽しみだったらしい。若い頃は、皿からはみ出すほどの大カツを、三枚も平らげたという。筆者がこの店で大カツに挑戦しようとすると、「大き過ぎてとても食べ切れませんよ」と、店長の忠告があった。ウインナーシュニッツェルの形を模したのだろう、「わらじとんかつ」と称せるほどに、巨大なポークカツレツである。

ポークカツレツからとんかつへ

すでに何度もふれたように、大正が終わり昭和になると、いよいよ「とんかつ」の出現となる。一九二九年（昭和四）に、島田信二郎が、東京下谷御徒町《おかちまち》の「ポンチ軒」で、初めて「とんかつ」を売り出したとされている。

島田は、元宮内省の大膳部で西洋料理の経験があり、ポークカツレツに、さまざまな改良を加えた。まず、後述するように、火通りがよくなる独特の加熱調理法を考案した。その結果、豚肉の厚みは、二・五〜三センチと分厚くなった。さらに、ナイフやフォークは使わずにすむよう、庖丁で切って供して、和食と同じように箸で食べられる工夫をした。これに刻み生キャベツを添え、ついに本格的な日本人の洋食が誕生したのである。

「とんかつ」の命名には、さまざまな説がある。カツレツにもちいる獣鳥肉は、本来は牛肉・鶏肉であった。豚肉になると、「ポークカツレツ」「豚肉カツレツ」と呼ばれた。また、「豚《とん》カツレツ」という言葉は、この頃の料理書や料理のメニューに散見されており、ポークカットレット→ポークカツレツ→豚肉カツレツ→豚《とん》カツレツ→とんかつと、呼び名が変化したように思われる。

ここで、ポークカツレツと、とんかつの違いをもう一度整理しておこう。「ポークカツレツ」は、薄い肉に衣をきせて炒め焼きにする。ソースをたっぷりかけて、ナイフとフォークで切りながら食べる。一方「とんかつ」は、分厚い豚肉に、塩・コショウで下味をつけ、コムギ粉・溶き卵・パン粉をきせて、てんぷらのように揚げる。付け合わせに刻み生キャベツを添える。箸で食べやすいように、庖丁で切ってから皿に盛る。好みのウスターソースやとんかつソースをたっぷりかける。味噌汁と米飯がよく調和する。

ハムやソーセージの原料に過ぎなかった柔らかい豚のヒレ肉が、とんかつの素材として、一躍脚光を浴びはじめるのである。

人気は高まる一方

一九三二年（昭和七）頃に、東京上野の「楽天」、浅草の「喜多八」が、相次いでとんかつを売りだす。道行く人は見慣れないこの料理の名前に戸惑い、「とんかつとは、何かね？聞いたことのない料理だな」と首をかしげて素通りする。当初はまったく人気がなかったようだ。楽天では、「鉈《なたぎ》切りの分厚いとんかつ」と、看板に添え書きをしたくらいである。口の悪い客からは、「下等な肉で固くて、庖丁で切れないから、鉈で切るのだろう」と、皮肉を言われる始末。

ところが、恐る恐る集まった客から、額を突きあわせて食べる雰囲気が、江戸っ子の好みにぴったり合うと評判になる。それからは、人気は高まる一方で客が引きも切らなくなる。このエピソードから、上野の楽天や浅草の喜多八こそ、とんかつの元祖とする説もあるのである。

こんな話もある。喜多八の創業者の大石辰五郎は、浅草の象潟《きさがた》警察署にとんかつ店開業の届けを出しに行く。「とんかつ屋とは何を食わせる店か？　日本料理なのか？　西洋料理なのか？」。警察でしばらく押し問答の末に、西洋料理店の許可がおりたという。

昭和の不況時代には、肉屋の店頭で揚げる洋食が流行する。とんかつ五銭、コロッケ四個一〇銭で飛ぶように売れたという。安サラリーマンの月給日のご馳走は、肉屋のとんかつという時代である。油を使う料理は、台所が汚れると主婦から敬遠され、揚げ物はもっぱら肉屋から買う習慣ができていった。

「カツは上野か浅草か」

とんかつ発祥の地は、東京の上野か浅草かといわれるほどに、これらの地域には、今日もなお老舗《しにせ》が多い。つまりとんかつは、下町庶民の食べ物として育てられ、愛されてきたのである。『食道楽』一九三二年（昭和七）一一月号に、添田さつきの「カツは上野か浅草か」という記事がある。誕生したばかりのとんかつへの庶民の反応、昭和初期のとんかつ屋の様子、主人と客のやりとりなどが、長文でおもしろおかしくつづられている。

「とんかつ時代—とんかつをビフカツに仕立てたり、兎をもちひてチキンカツで候と誤魔化《ごまか》さなければ通らぬ時代もあつた。実質がとんであり兎であつても、ビーフでありチキンである名の下に安心して食つてゐたのだから、まことに以てお目出たい話といはねばならぬ。ところが、今度はとんかつ時代になると、猫も杓子《しやくし》もとんかつ、とんかつ。とんかつでなければ夜も日も明けぬ。—といふこととなつて来るからおそろしい。まア、考へやうに依《よつ》ては、とんかつがとんかつで通る時代が来たのだから、公明正大、青天白日で、結構な次第であるが、又一面、とんかつの過大価値を強ゐられるやうな気がしないでもない」という書き出しである。

とんかつが世に出て、まだ二〜三年にしかならないのに、「とんかつ時代」が到来したとあるから、とんかつの誕生により、当時の庶民が受けた影響は、かなり大きかったのだろう。物珍しさもあり、とんかつ屋に客が押しかけた様子がうかがえる。

右の記事には、上野や浅草の具体的なとんかつ屋として、「喜多八」「花鶴」「双魚」「蓬《ほう》莱《らい》」「楽天」「ポンチ軒」などの店が、つぎつぎに登場する。そして、この頃のとんかつ屋の職人気質が活写されている。

たとえば、八百屋が葱《ねぎ》をとどけてくる。こんな葱が使えるかいと、客の前で八百屋をクソミソにやっつける。これほどに材料を吟味しているという格好をする。また、とんかつは、調理に時間がかかります、せかさないで下さいと、大きな字で張り紙をする。あるいは、パン粉は、生パン（生パン粉）にしますか、カラパン（色つきパン粉）にしますかと、もったいをつけて客に聞く。そして、とんかつを揚げるのに、日本の油（植物油）では、どうも調子がでない。ヘット（牛脂）を使いますという。果ては、客が入ってきても、いらっしゃいでもなければ、帰りに、ありがとうでもない。

このように、料理人の態度が横柄《おうへい》であったり、嫌味《いやみ》をいわれたり、もったいぶって客を待たせたり、主人の気分により早じまいしてしまう。強気の料理人が多かったようで、とんかつを食わせてやるというツラガマエだと指摘している。

また、豚の挽き肉を味噌で和《あ》えた「とんみそ」、串に刺した「とん串」、カキを傷めずに揚げた「カキフライ」などもあると書かれている。

この著者は、とんかつがよほど好きであったのだろう。越後獅子のリズムで、とんかつ戯《ざれ》歌《うた》まで作っている。「とんかつはやりもの　権兵衛も太郎兵衛も食べにゆく　とんかつ食はねば、時勢に合はぬ　狭いテーブルに押しあつて　あぶら嗅いだり、嗅がせたり　そこのオヤヂに能書いはれ　腹を減らして待ちあかす　ござれ話《はな》しませうぞ　トンカツ屋の受《う》売りをトンカツの脂肪《あぶら》にのせて　ぺらぺらと　まくし立てるや、カツ曲」とある。

またこれは少々誇大な表現のような気もするが、「町中、どこを歩いてもとんかつの看板を見ざるはない。斯《こ》うとんかつ屋ばかりになつては、東京は脂肪《あぶら》臭くて歩けなくなるだらう」と結んでいる。とんかつ屋がもうかると聞いて、きわめて短期間に、雨後の筍《たけのこ》のように氾濫《はんらん》したことが想像される。そのさまは今日のラーメン屋の林立にたとえられようか。

翌年一月号の『食道楽』になると、「トンカツ熱も少々下火になつたが、銀座でも、旨いトンカツを食はせる家は、見当らない。一体《いったい》トンカツが、何故かう流行したかと云ふと、ヒレ肉の、あの軟らかさに人々が驚嘆したからである。所がトンカツの本当の味はロースである。雨後の筍式トンカツ屋は、只軟いばかりで、まるで肉の滓《かす》を食つてゐるやうだ。嘘と思つたら、上野の『蓬萊』と『ポンチ軒』と食べ較べて御覧なさい。前者が肉のカス見たいで後者の本格な事がよく分る」とある。

とんかつの兄弟たち

このとんかつ自体の味や魅力については、次節でゆっくり述べることにして、ここではそのバリエーションについてふれておこう。

とんかつの人気には、テキにカツ（敵に勝つ）という縁起かつぎもあったろう。高校球児・受験生・運動選手などは、「ステーキ」と「とんかつ」を一緒に食べて必勝を誓ったものである。受験シーズンの大学周辺は、かつ弁やかつサンドの売り出しが盛んになる。

「とんかつ」は、今日でもなお、そのレパートリーを増やし続けている。とんかつ・ヒレかつ・ロースかつ・大かつ・わらじとんかつ・一口かつ・紙かつ・チーズかつ・かつライス・かつ丼・ソースかつ丼・かつ重・串かつ・かつカレー・とんかつ弁当・和風とんかつ定食・洋風とんかつ定食・味噌かつ・ミラノ風とんかつ・かつサンド・とんかつそば・とんかつうどん・とんかつバーグなどなどである。まだまだあるかも知れない。

とんかつは、日本人の肉食への関心を高め、普及させた最高の功労者であろう。ここでは、「かつ丼」「串かつ」「かつカレー」についてだけふれよう。

かつ丼——震災後、全国に普及

一九二一年（大正一〇）に、早稲田高等学院の学生の中西敬二郎は、カツレツを米飯の上にのせる「かつ丼」を考案する。富田仁の『舶来事物起原事典』には、「大正十年二月、当時早稲田高等学院の学生であった中西敬二郎が、ある日、行きつけのカフェーハウスで皿飯をどんぶりに移して、その上にカツを切ってのせ、さらにソースとメリケン粉で煮合わせたグレビー状のものをかけて青えんどうを添えたものをつくり、店主に『かつ丼』として売り出すようにすすめたところ、これが人気を得て流行したのである」とある。

カツレツは、米飯と一緒に食べる。それならば、味つけしたカツレツを、丼飯の上にのせてみたらと発想したのであろう。丼に熱い米飯を盛り、切ったカツレツをのせ、ソースをかけたところ大変においしかったようで、その感激が伝わってくる。

これにも異説がある。一九一三年（大正二）に、同じ早稲田で高畠増太郎が、「ソースかつ丼」を売り出したのが始まりとする説、「ソースかつ丼」の考案者は、長野県の駒ヶ根の登山家であるとする説などである。前者は福井県で「ハイカラ丼」として定着し、後者は駒ヶ根名物として、登山家に人気がある。

中国の食文化の影響により、日本人は丼飯が好きである。天丼・親子丼・卵丼・鰻丼・鉄火丼・木の葉丼・雉子焼《きじやき》丼・竜田《たつた》丼・牛丼・三色丼など、何でも丼にしてしまう。鶏肉に、シイタケ・タケノコ・ミツバをのせて、卵でとじた「親子丼」は、すでに一八七七年（明治一〇）頃に出現している。かつ丼は、肉と米飯を組みあわせた、きわめて日本的な和洋折衷料理である。とんかつの丼物仕立ては、食べ盛りの若者のアイデアにふさわしい。かつ丼は、手軽な洋食として日本人の嗜好に合い、関東大震災後には、そば屋のメニューに加わるほどに、全国津々浦々に普及する。

カツレツ↓味噌・醬油味のかつ丼↓そば屋の人気洋食とたどると落語の三題噺めくが、庶民の知恵により誕生した傑作中の傑作洋食となる。当初の「かつ丼」は、独特のソースをかけたものであったが、今日の私たちが親しんでいる丼は、卵でとじたものが多い。いつ頃から変化したのかは不明である。親子丼などの技法を取りいれて、さらに、食べやすくした多くの料理人の知恵であろうか。

『食道楽』一九三三年（昭和八）一二月号に、東京・銀座のかつライスやかつ丼の盛況ぶりについて、「『エスキモー』の、五十銭のカツライスは、トンカツに新味を見せたちよいとオツなものである。飯にカツを切つてのつけた所は、何んの事はない。カツ丼と云ふ所だ。『須田町食堂』あたりには低級なカツ丼が夙《つと》に出来てゐるらしいが、かうして見ると、カツ丼もなかなか馬鹿にしたものでもない。結城佳陵は、トンカツを礼讃して本山荻舟と喧嘩《けんか》をし、『今に一円のカツ丼なんてのがきつと出来るよ、ああ早くカツ丼時代が来ればいい』とおへそをゆすぶつて荻舟に対抗《たいこう》したが、このエスキモーのカツ丼を食べたら我が志成れりと空うそぶく事だらう」とある。

「とんかつ」と「かつ丼」を比べてみると、調味料の使い方について、おもしろい違いに気がつく。一般にとんかつには、ウスターソースをもちいる。しかし、かつ丼は、味噌や醬油で味つけをする。ところが、ウスターソースで調味した名物の「ソースかつ丼」もあるのである。

串かつ——世界に例がない料理

獣鳥肉をもちいた串焼きは、羊肉のサテー（インドネシア）、シシカバブ（トルコ）、鶏肉の焼き鳥（日本）など、世界の各地にみられる。しかし、串に刺した肉に、パン粉をきせて揚げる料理は、世界にもまったく類例がない。日本の「串かつ」だけである。どちらかといえば、ミートフォンデュに似ている。関西生まれの串かつは、関東では串揚げともいう。

串かつの特徴は、

①獣鳥肉・魚介・野菜など、好みのどんな素材でもよい。たとえば、関西の串かつ種には、豚肉・エビ・キス・アユ・シイタケ・タマネギ・グリーンアスパラガス・ハジカミ・ショウガ・メロンがある。

②素材は少量ずつでよい。
③バラエティ豊かな料理ができる。
④さまざまな味が、一度の食事で楽しめる。
⑤和風・洋風・中国風など、好みの味つけができる。
⑥揚げながら、熱いうちに食べられる。

などがあげられる。串かつは、和風・洋風のいずれの要素をも残しながら、全体としては和風化されている。庶民のご馳走感覚にぴったり合うのである。

かつカレー――一食で二倍楽しめる

「かつカレー」は、一九一八年（大正七）に、東京浅草で、屋台洋食屋「河金」を始めた河野金太郎がつくったとされる。庶民に人気のあるカレーライスとカツレツを、いっそのこと一緒に盛りあわせたら、一食で二倍楽しめるという発想である。かつ丼に似ている。「河金丼」と命名したところ、カレー好き、カツレツ好きの客に大当たりとなり、今日もそのままの盛況が続いている。とにかく、理屈抜きにおいしいから不思議である。ポークカツレツが普及していた頃で、カツレツはあっても、とんかつはまだ誕生していなかった。

5　とんかつを生んだ知恵

とんかつはなぜおいしいか

日本の文化は物真似文化といわれる。たしかに明治期の急速な近代化には、西欧のコピーを急いだ分野もあろう。舶来品崇拝時代が長く続いたと言われれば、その通りである。しかし、「とんかつ」の誕生には、物真似の技法はまったく見られない。和洋折衷料理（洋食）として、独創的な知恵の積み重ねがある。この節では、先人たちの努力の跡を具体的に眺めていくことにしよう。

まずはそのおいしさから。

手間隙《てまひま》をかけたとんかつの醍醐味《だいごみ》とは、一体何であろう。何故に、私たち日本人に好まれてきたのだろう。食べ歩きの店を紹介した『1000円グルメの本』（一九八五年）には、とんかつとは、「豚の衣揚げでもなければ、ネタに豚を使ったフライでもない。パンからほぐしたパン粉を黄金色に仕立てて纏《まと》い、歯に当たるとサクっと、身とともにほぐれる一体感、これこそ〝とんかつ〟。頬張り、キャベツをザクザク噛んで口中の油を洗い、また頬張る。似た歯触りで、異なる味質。そして、両者の非常に近い甘味度。舌の感覚を惑わすことなく、とんかつの旨味が堪能できる。故に、ご飯もおいしく、酒は一人一本だけです」と書かれている。

いい得て妙である。とんかつは、独特の食感と風味をもつ、ボリューム感たっぷりの油揚げ料理である。味噌汁の味に適応し、箸で食べることができ、米飯をおいしくする。食べ終わった後の満足感が、大きな余韻として残る。

家庭料理書の中のとんかつ

明治も三〇年代になると、牛肉や豚肉の料理を、家庭で作る習慣が芽生えはじめていた。西洋料理や洋食の本の出版が頻繁になった。これらの料理書を時系列的に並べてみると、これらの調理技法のなかに、「とんかつ」が誕生するまでのいきさつがよく理解できる。表3は、一八九五年（明治二八）から一九七四年（昭和四九）までの料理書により、調理法の流れの実際を追っている。

簡単に要約すると、

①一八九五年（明治二八）の『女鑑《じょかん》』に、牛肉や鶏肉のカツレツが初めて登場する。バターで炒め焼きする「西洋風カツレツ」である。

②一九〇四年（明治三七）になると、薄く切った「豚肉のフライ」がみられる。てんぷらのように揚げて、リンゴソースをかける。

年／出典	料理名	調理法の実際
1926年（大正15）『手軽においしく誰にも出来る支那料理と西洋料理』（三進堂）	ビーフカツレツ	牛肉　以下は同じ調理法だが，特に皮と肉が離れ易き故，油をよく煮立ててフライせよとの注意あり
1929年（昭和4）『赤堀西洋料理法』（大倉書店）	ポークカツレツ（豚肉麺麭粉《パンコ》揚）	豚肉　肉叩きでよく叩く　塩，胡椒，メリケン粉，玉子，麺麭粉　煮立った脂で揚げる　茹でるか揚げた馬鈴薯　ウスターソース
1930年（昭和5）『西洋料理通』（四六書院）	カツレツ	牛肉，豚肉，犢肉　肉屋で切らせ牛肉は叩く　塩，胡椒，メリケン粉，玉子，パン粉　揚油が熱して煙立つ温度（180℃）で揚げる　野菜（キャベツ），パセリ　カツレツの出来不出来は火加減一つである
1931年（昭和6）『簡単な西洋料理支那料理』（『婦人倶楽部』）	豚肉カツレツ	豚の肩ロース　軽く叩く　塩，胡椒，メリケン粉，玉子，パン粉　ヘットか或いは他の脂油で，ほんがりと揚げる　紙の上で油気をきる　レモン　カツレツはメリケン粉を厚くつけると衣が剝がれやすい
1942年（昭和17）『家庭向き西洋料理の作り方』（主婦之友社）	ポークカツレツ（とんかつ）	豚肉　脂肪のところをとる　軽く叩く　サラダ油を振りかけ，人参，玉葱の薄切りをのせて2～3時間おくと，軟らかくなり香味もよくなり非常に美味しくなる　塩，胡椒，メリケン粉，卵，パン粉　熱した油でからっと揚げる
1959年（昭和34）『家庭料理全書』（同志社）	カツレツ（豚カツ）	豚ヒレ肉　1センチ半の厚みに切る　他の肉のときには，これだけ厚くすると，固くて食べられない　豚ヒレ肉は軟らかいので叩かない　塩，胡椒，小麦粉，玉子，生パン粉　ラードか植物油（大豆油，落花生油）で揚げる　または，フライパンに少々の油を入れて炒め焼きにする
1959年（昭和34）『西洋料理と中華料理』（泰光堂）	豚カツ	豚肉　1センチの厚みに切る　肩ロースは脂肪が少なく，味もよい　塩，胡椒して味を滲ませる　小麦粉，玉子水，パン粉　中火で2～3回返しユックリ揚げて油を切る　パン粉は強くおさえつけないで，ふわっと付けるとかるく揚がる　キャベツのセン切り　ソース，ソースとケチャップを合わせたもの
1961年（昭和36）『材料別料理事典』（新樹社）	ウインナシュニツェル	豚ロース肉　塩，胡椒して，小麦粉，卵，パン粉　ラードで黄金色に焼き上げる　炒めたポテト，炒めたキャベツ　仔牛肉，豚肉（オーストリー），豚肉（ドイツ），仔牛肉（フランス）をもちいる
1966年（昭和41）『和洋中華家庭料理全書』（日本女子教育会）	豚カツ	豚ロース肉　1.5センチ（5分）の厚さに切り，数ヵ所に切り目を入れる　塩，胡椒を片面に　鶏卵，生パン粉　軽く押さえる　返しながら2分間揚げる　キャベツの千切り，茹でた馬鈴薯
	豚の串カツ	豚肉　2.4センチ角に切る　竹串に肉，葱，肉，葱を交互に刺す　小麦粉，卵，パン粉　ヘット，ラードで2～3分揚げて裏返し，再び2～3分揚げる　新聞紙の上で油を切る　トマトの輪切り
1974年（昭和49）『料理1　肉・卵・チーズ』（主婦の友社）	とんカツ	豚肉　小麦粉，卵，生パン粉　軽く押さえる　油を160～170℃に熱して，裏，表と返しながら揚げる

年／出典	料理名	調理法の実際
1895年（明治28）『女鑑』（国光社）	カツレツ	牛肉，鶏肉　長さ3寸，厚さ5分に切る　庖丁のミネで叩く　食塩，コショウ，パン粉，鶏卵，その上にパン粉　バターで焼く，西洋風カツレツ
1896年（明治29）『西洋料理法』（博文館）	ビーフカツレツ	子牛肉，牛肉　5分以下の薄さに切る　玉子，パン粉　ラードで油焼き　胡椒
1904年（明治37）『西洋料理二百種』（青木嵩山堂）	豚の肉フライ	豚肉はよく洗い薄く切る　舶来の饂飩粉《うどんこ》，または鶏卵と麵包《ぱん》屑《くず》　豚の脂肪《あぶら》で天麩羅のように揚げる　林檎ソースをかける
	小羊の肉フライ	小羊の腰の肉　薄く切る　上記の衣がけ　豚の脂肪で揚げる　肉汁かける
	チキンカツレツ	鶏肉　薄く切る　胡椒，食塩《しお》，小麦の粉　豚の脂肪で揚げる　バター溶かしかける
1904年（明治37）『常磐西洋料理』（常磐社）	ビーフカットレット	牛肉　薄く切る　塩，胡椒，麦粉《メリケンコ》，鶏卵，パン粉　牛の生《なま》脂肪《あぶら》で狐色に揚げる　熱き皿に
1906年（明治39）『御手軽西洋料理の仕方』（名倉昭文館）	ビーフカツレツ	牛肉　空瓶でよく叩く　塩，胡椒，メリケン粉，鶏卵，パン粉　バタかヘット大匙1杯煮立たせる　両面を焼く　青豌豆《えんどう》，隠元《いんげん》豆，青い葉をそえる
	ポークカツレツ	豚肉　叩かなくてもよい　塩，胡椒　バタかヘット溶かし両面を焼く　馬鈴薯，林檎の輪切り
1910年（明治43）『西洋料理教科書』（紫明社）	豚のカツレツ	豚肉　魚の切身位に切る　塩，胡椒，饂飩粉，玉子の黄味，パン粉　ラード，胡麻油　浸々《ひたひた》位に　テンプラのように揚げる　西洋紙の上に　三杯酢　牛肉，鳥肉でもよい　こわき牛肉は細かく叩く
1915年（大正4）『家庭実用献立と料理法』（東華堂）	ポークカツレツ	豚肉　2分の厚さに切る　塩，胡椒，メリケン粉，玉子，パン粉　ヘット，ラード　2〜3分に　黒き煙り登りたるときに入れる　橙《だいだい》をかける
	チキンカツレツ	雛鳥　前処理　塩，胡椒，メリケン粉，生玉子，パン粉　ヘットで同じように揚げる
1922年（大正11）『家庭応用和洋料理法』（東京宝文館）	牛肉《ビーフ》のカツレツ	牛肉，塩，コショウ　メリケン粉，卵，パン粉　ラードで炒め揚げ　新聞紙の上で余分の油抜き　刻み甘藍《キャベツ》，または，人参，馬鈴薯のバター炒め　ウスタソースをかける
1924年（大正13）『滋味に富める家庭向西洋料理』（文化生活研究会）	カツレツ	豚肉，犢肉《こうしにく》，牛肉，鶏肉　叩いて形を整える　塩，胡椒　メリケン粉，卵，パン粉　牛脂で揚げる　ウスターソース　ボイルドポテトー，フライドポテトー，マッシュドポテトー，野菜のサラド，レモン，パセリ，クレソン（水芹）
1926年（大正15）『手軽においしく誰にも出来る支那料理と西洋料理』（三進堂）	ポークカツレツ（豚肉の油揚げ）	豚肉　縮まぬように充分細かく刃を入れる　塩，胡椒　メリケン粉，鶏卵，パン粉　ヘットでフライ　キャベツの千切り，パセリ　ソース　ナイフ，フォーク

表3　料理書による「とんかつ」の変遷

③一九一〇年（明治四三）の「豚のカツレツ」は、ラードやゴマ油で揚げて、三杯酢をかける。
④一九一五年（大正四）に、「ポークカツレツ」の名前が出る。豚肉は二分（約六ミリ）の厚切りになる。
⑤一九二二年（大正一一）に、牛肉のカツレツに、刻みキャベツを添えるとある。ウスターソースの文字も初めてみえる。
⑥一九二六年（大正一五）に、ポークカツレツに、キャベツの千切りとある。
⑦一九三一年（昭和六）に、豚肉カツレツの名前が出る。
⑧一九四二年（昭和一七）に、「ポークカツレツ（とんかつ）」とあり、初めてとんかつの呼び名が併記される。
⑨一九五九年（昭和三四）以降になると、「豚《とん》カツ」の呼び名が定着する。ヒレやロース肉は厚切りになる。てんぷらのように、揚げる加熱調理法が主流となる。
⑩一九七四年（昭和四九）になると、「とんカツ」とある。

使い道のなかった豚ヒレ肉

とんかつのおいしさのなかに、世界の他の料理にはみられない、豚ヒレ肉の厚切りの利用がある。とんかつ特有の歯触りがある。豚肉ではなく、牛肉の厚切りを揚げたらどうなるだろう。肉汁が外に出てしまい、肉の組織は締まり、固くて食べられない料理になるであろう。ビーフカツは、薄い肉でしかできない。

牛肉の厚切りの料理は、鉄板で焼くイギリス風のビーフステーキである。牛肉は、タルタルステーキのように生でも食べられる。ビーフステーキでは、好みに応じた四段階の焼き方がある。①表面だけを焼いた生焼きのレア、②赤い肉汁が残るミディアムレア、③普通の焼き方で、切り口がピンク色のミディアム、④切ったとき肉汁のほとんど出ないウエルダンである。しかし、調理中に外に肉汁が出過ぎると、固くなり歯切れが悪くなる。

逆に、豚のヒレ肉は柔らか過ぎて、料理の素材として好まれない部位である。ハムやソーセージの原料にしかならない。利用価値の少ない肉質である。ところが、柔らかさに注目して、厚切り仕立てを可能にしたのが、日本のとんかつである。前述したように、肉食の魚食化であろうか。さらに、具合のよいことに、豚肉は脂肪が多いので、時間をかけてジックリと揚げても、揚げ油を極端に吸いこむことがない。

最近のとんかつの好みは、熟年層の「ヒレかつ」派と、若い世代の「ロースかつ」派に分かれている。豚肉は、ヒレ・ロース・肩ロース・もも・肩・バラ・すね、の部位にわけられる。ヒレは、肉質が一番柔らかい。ロースは、脂肪層に包まれている。

したがって、脂肪の取りすぎを抑える健康志向の人にはヒレがよい。風味（おいしさ）にこだわるグルメには、ロースの方が味が濃くておいしい。なぜだろうか。人間の食べ物を、植物質と動物質に分類し、脂肪・たんぱく質・炭水化物の成分に分けてみると、動物質の脂肪が一番おいしいとされるからである。

ところで、今日のようなとんかつの形状は、どのようにして工夫されたのだろう。明治初期に紹介されたイギリスやフランス料理のカットレットは、不定形の骨付き肉であった。これを取りいれた日本のカツレツでは骨が抜かれ食べやすくなる。さらに、ブロック状の肉の塊だったものが、平たい形状に整えられる。その結果、分厚いとんかつも、裏返して両面を均一に揚げることが可能になる。この形状の変化が、火通りをよくしたのである。

厚切り豚肉を揚げる技術

山本嘉次郎の『日本三大洋食考』（一九七三年）によると、「ちかごろのトンカツは、ずいぶん厚くなった。あんなに厚い肉を揚げて、芯まで火を通すのは、なみなみならぬ技術である。外国のコックでは、そんな器用なマネはできない」とある。

てんぷらやとんかつは、揚げ油の温度を調整しながら揚げていく。欧米の料理人にとっては、最も苦手な技法である。日本人は、このような伝統的なてんぷらを揚げる加熱技術を、とんかつに応用した。油料理の不得意だったはずの日本料理で、まことに巧みな調理法である。どうしてそれが可能になったのだろうか。これもすでにふれたように、日本では、そうめん・うどん・そばなど、さまざまな形状・かたさの麺を、経験と勘で巧みに茹であげる方法を、一四〇〇年の間に確立していたからである。

とんかつの上手な揚げ方については、前述した通りである。もう少し具体的にふれると、衣づけをした厚めの豚肉を、①厚手の深鍋にたっぷりの油を入れ、②中温でやや時間をかけて、③キツネ色になるまで、④じっくりと揚げ、⑤仕上げは高温にして、油切れをよくし、⑥揚げ網にのせたら、余熱でなかまで火を通す。⑦一度に揚げると衣が焦げやすいときには、二度揚げにする。場合によれば、余熱で火を通すことを繰りかえす。⑧薄いものは、手早く揚げる。

このような巧みな調理操作の中に、てんぷら揚げの経験が生かされている。日本の料理人だけが習得できた、ディープ・ファット・フライングの技法である。

もちいる油の種類も、日本独特である。西洋料理では、素材の獣肉と同じ動物の脂か、バターで炒め焼きにしたり、網焼きにする。オリーブ油をもちいる国もある。日本では、素材と脂の種類の組み合わせはあまり気にしない。ラードやヘットの動物脂から、健康的な植物油まで、自由に選択する。

てんぷらとフライの違い

てんぷらとフライの区別も日本独特である。日本の揚げ物の種類は、①中国より伝えられた禅林料理のなかの「精進揚げ」、②南蛮料理の影響を受け、江戸期にほぼ大成する「てんぷら」、③洋食として完成する「とんかつ・コロッケ」、④日本にしかない「カキフライ・串かつ」、に分けられる。③と④を、日本ではフライと呼んでいる。洋食の代名詞になる。

ところが、英語のフライ（fry）になると、非常に意味が広い。山本直文の『新版食物事典』（一九六六年）によると、「油脂で熱処理すること。また、油脂で熱処理したものをさす。単にあげる、あげ物と解してはいけない。鍋の油脂で焼く（いためる）こともふくまれている語であるから」とある。欧米では、シャロー・ファット・フライング、ディープ・ファット・フライング、パン・フライングのすべてをフライと称する。日本のフライは、パン粉をきせた素材を、たっぷりの油で揚げるディープ・ファット・フライングである。

てんぷらとフライの特徴を、細かく比較してみる。てんぷらは、高温短時間の加熱調理で、天種を揚げている。からっと揚げる条件が整わないと、おいしいてんぷらができない。ところが、パン粉をきせたフライは、揚げる適温の幅（一六〇〜一九〇度）が大きく、揚げる時間（二〜三分）も長いので調節しやすい。揚げ油の温度の急激な変化がない限り、特別な注意は必要なく上手に揚げることができる。フライが、大量処理を必要とする集団給食向きなのは、このように揚げやすいという理由による。

さらに、てんぷらは、時間が経つと、中身の水分が衣に移行しやすい。その結果として、衣がべたついてくる。揚げ立てが最もおいしい。ところが、フライでは、水分の移行が緩慢である。パン粉づけしたものを、冷凍貯蔵することもできる。冷えても風味が落ちにくい。

とんかつの歯ざわり

フライの衣になるパン粉は、古代ギリシアの頃に考案されたものらしい。安達巌の『日本食物文化の起源』（一九八一年）には、「パン粉はパンを粉末に再加工したもので、西洋料理に不可欠のものとされているが、その由来をたずねると、古代ギリシア時代に遡ることになる。日本語のパンの語源はポルトガル語の pão であるが、その語根はラテン語の pa だからであって、この pa から食物に関するいろんなことばが派生している。それはパン粉のころもをつける意味の paner から、パンニール（パン粉）crumb がうまれ、またスープを意味するパナード（panade）が生れているからである」とある。

また、『明治屋食品辞典　食料編（中巻）』（一九六四年）に、「パン粉のコロモをつける(to coat an object with bread crumbs) ことを、英語の動詞で to breadcrumb という。フランス語ではパネ（paner）という」とある。

パン粉は、明治の初期に日本に伝えられ、洋食の重要な素材となった。量産が可能になるのは、ずっと後のことである。東京京橋の丸山寅吉が、一九〇七年（明治四〇）に、初めて機械生産に成功する。当初は、パンを粉砕して作る、日本独特のパン粉であった。

締木信太郎『パンの百科』（一九七七年）に、「豚カツのうまさは、パン粉の感触にある。必然的にパン粉専門のパン屋ができる。大きいパンのかたまりのあら砕きは、竹すだれの上に並べて天日乾燥をした。それで出来あがったパン粉はひなたくさかった。パン粉はあまり微粉だと油がよごれるので微粉が少ないことと、揚げものの材料によく付着すること、揚げあがりがきつねいろにふんわりしていることが条件で、サンドウィッチ型パンのように砂糖や油脂を使ったパンを微粉にしたのは早く焦げて豚カツなどには向かないという難しさがある」と書かれている。

とんかつに適した日本のパン粉を作りあげるまでには、試行錯誤が必要であった。

ところで、世界の各地でもちいるパン粉には、さまざまな特徴がある。ヨーロッパ・アメリカ・日本のパン粉について、比較してみよう。表4は、これらの違いを示す。

ヨーロッパのパン粉は、粟粒ほどの細かい粒子で、ウインナーシュニッツェルに適している。炒め焼き・バター焼き用である。アメリカのパン粉は、ブレッダー（breader）と呼ばれる。ソーダクラッカー状のものを細かく粉砕して作る。フライドチキンやフィッシュスティックに好まれる味つけパン粉である。日本のパン粉は、パンを粉砕したものから始まる。

とんかつのうまさには、サクサクとした日本式パン粉の歯触りが貢献している。ヨーロッパ式の細かい粒のパン粉では、日本のとんかつの歯触りは得られない。肉に均一に付着しにくいし、揚げ油が汚れやすい。適度の厚みのある衣に仕上がらない。また、炒め焼きしたウインナーシュニッツェルのようになってしまい、食べた感じも物足りない。

これに対して、とんかつに使われる日本式パン粉は、①付着しやすく、②肉の水分蒸発を

	ヨーロッパ	アメリカ	日　本
製造法	パンをオーブンでゆっくり乾燥させる	クラッカー状のものを焦げぬように低い温度のオーブンで焼く	パンを焼く　焼き方により，焙焼式のものはパン状，通電式のものは蒸しパン状の，2種類になる
整粒法	粉砕したパン屑を荒目の金網でふるう	粉砕し篩《ふるい》を通して整粒する 用途により粒度を変える	粉砕し篩を通して整粒する
粒　度	細かい粟粒状の粒子で揃っている	比較的，粒度は揃っている	割合不揃いで大きい
特　徴	パンの中身から作ると白色のパン粉，耳で作ると金色のパン粉	色白だが，黄色に着色することもある	ソフトパン粉は色が白い。着色パン粉もある
用　途	金色のパン粉は主としてグラタン用	冷凍食品は魚フライなど，フライドチキンにも	揚げ物用，練込み用，グラタン用
味つけ	パン粉には味をつけていない	いろいろなスパイスをたくさん使い，味をつける	パン粉には味をつけていない
揚げ方	多くはバター焼きなど，コロッケも	ディープ・ファット・フライング，揚げやすい	たっぷりの油で揚げる(ディープ・ファット・フライング)
食べ方	トマトソースなどのソースをつける	何もつけないか，特定のソースや洋辛子を少しつける	独特のウスターソースをたっぷりと，その他のソースも使う
食　感	細かい砂粒状の食感	やや細かい粒で軟らかい食感	独特のサクサクした歯触り，日本人好み

表4　ヨーロッパ・アメリカ・日本のパン粉の比較（岡田哲『コムギ粉の食文化史』より）

防ぎ、③焦げつきにくい。④衣に適度の油を吸収し、栄養価を高め風味をよくし、⑤からっと揚がって、キツネ色に仕上がる。⑥コムギ粉・溶き卵・パン粉の三層の衣により、素材の肉と揚げ油を直接触れ合わせず、⑦旨味のある肉汁の流失を防ぎ、おいしそうな見た目と、ボリューム感で食欲を刺激する、のである。

西洋野菜の助け

江戸の後期から明治前期(一八世紀後半から一九世紀後半)にかけて、タマネギ・アスパラガス・ニクズク・レモン・ジンジャー・ピーマン・タイム・セージ・グリンピース・オクラ・オレンジ・マッシュルームなどが、続々と伝来する。

たとえば、古代ギリシアでは涙から生まれたといわれていた「キャベツ」は、一七世紀の後半に、南蛮船により長崎に伝えられる。当初は、葉ボタン・ボタンナと称して、もっぱら観賞用であった。キャベツが野菜として利用されるようになるのは、一八七一年(明治四)に、北海道に導入されてからである。当時は、キャベイジと呼ばれていたが食べ物としての関心は薄く、とんかつの添え物として華々しく登場することになる。

ちなみに、「ジャガイモ」は、安土桃山期の一五九八年(慶長三)に、ジャワのジャガタラ(バタビア)から、オランダ人により長崎に伝えられる。ジャガタライモと呼ばれた。一八七四年(明治七)に、北海道開拓使がアメリカより種芋を入手し、本格的な栽培が始められ、一八八四年（明治一七）の米の凶作のときには、米飯の代わりになる。アルカリ性食品であり、肉食をしない日本では、むしろ甘味のあるサツマイモが好まれていたが、大正年間に作られたコロッケにより、一躍脚光を浴びることになった。

キャベツ・ジャガイモ・タマネギ・トマト・ニンジン・アスパラガスなどの西洋野菜は、明治期に食べられるようになった。日本人が数々の洋食を作ることができたのは、同じ頃に伝えられた、これらの西洋野菜のおかげとみることもできる。キャベツ・ジャガイモ・ニンジンがなかったなら、日本の洋食は、どんなものになったことだろう。

ウスターソースという独創

明治三〇年代に、ポークカツレツの人気が高まるのは、ウスターソースの登場に負うところが大きい。ウスターソースをたっぷりかけた洋食の魅力に、庶民は引きつけられたのである。洋食はウスターソースによっていっそう米飯とマッチし、少量のおかずで、多量のご飯が食べられることになった。

このソースのルーツはイギリスであるが、日本製は日本風に改良した独特のソースである。リー、ペリンズという二人の薬屋が、インドで不思議なソースに出会う。その味が忘れられずに試作を繰りかえす。一九世紀の中頃に、イギリス南西部のウスターシャー州で、味の再現に成功する。

調合は秘伝とされるが、ソイソース（醤油）・モルトビネガー・糖蜜・ライムジュース・タマリンド・チリペッパー・クローブ・ガーリック・アンチョビーなど、二十数種類の香辛料を混ぜあわせ熟成させたものである。フランス料理では、このような単純なソースは一切もちいない。このことから、イギリス料理には、ウスターソース一種類しかないという皮肉をいう人もいる。

ところで、明治の中頃までは、カツレツに適したソースはまったく存在しなかった。本格的なフランス料理のソース類は、多くの日本人にとっては奇妙な風味で、米飯の味と合いにくかった。カツレツに、食塩・コショウ・醤油をかけてもおいしくない。醤油が定着していた日本人の食卓に、これに代わる洋風のソースが必要とされた。

一八九八年（明治三一）の全国醤油大会で、イギリスのウスターソースが注目され、一九〇〇年（明治三三）に輸入され、日本独特のソースの開発が始まる。しかし、本場のウスターソースとは似ても似つかない、醤油を洋風に作りかえた洋風醤油であった。当時は、新味醤油・洋醤・西洋醤油と呼ばれたらしい。

これが明治も後期以降になると、コロッケ・とんかつ・ライスカレーなどの洋食の普及に伴い、日本式のウスターソースの人気は急上昇し、爆発的に普及していく。第二次世界大戦後には、野菜や果物の不溶性固形物を多くしたとんかつソースが現れる。濃厚で粘度が高く、どろりとしている。味の種類を変えた甘口や辛口もでき、お好み焼きから焼き肉用まで、さまざまな和風ソースも出ている。

からしの効用

からしについてふれる。からしから連想する日本の食べ物を二つあげるとすると、「おでん」「とんかつ」になるらしい。それほどに、とんかつと和がらしは相性がよい。からしがなければ、とんかつを食べる気がしない、というからし党もいる。

からし（芥子）の原産地は、中央アジアから地中海にかけての地域である。英語のマスタードは、ラテン語のムスタムアーデンス（辛いブドウ液）に由来する。ブラックの和がらし、ホワイト・ブラックの洋がらしがあり、世界の各地の料理に不可欠な香辛料である。種子には芳香も辛味もないが、粉にして温湯で練ると、酵素の働きにより配糖体が加水分解されて、辛味成分のマスタード油が生成される。自然界の不思議な特性である。

洋がらしは、イギリス・フランス・アメリカで好まれる。フランスには、ディジョン・マスタードで知られるグルメの町ディジョンがある。和がらしは、中国・インド・日本で好まれる。

とんかつをおいしくする最良のからしの溶き方は、①温湯で溶くと辛味が強くなる。②溶いてから十分間ほどおくと丸味が出る。③使う直前に、さらにかき混ぜる。④長く放置して苦味が出たときには、酢をたらすとよい。

とんかつと豚汁

豚汁はとん汁、薩摩汁ともいう。とんかつ定食には、シジミの味噌汁かとん汁が付きものである。いつ頃からの習慣かは、明らかでない。口のなかの油分が流されるたびに、さっぱりしたフレッシュな感覚になり、とんかつのおいしさを増す効果がある。もともととん汁は、薩摩鶏を骨付きのままぶつ切りにして、味噌で煮込んだ薩摩武士の野営料理である。闘鶏に負けた鶏に、ニンジン・ダイコン・サトイモ・ゴボウ・コンニャクを入れて、よく煮込んだ濃厚な汁物であった。鶏肉は、その後、今日のように豚肉に替わる。

この鹿児島県の郷土料理の「薩摩汁」は、日本人の嗜好に合い、全国の各地に広まった。たとえば、愛媛県の「伊予の薩摩汁」は、豚肉の代わりに、ボデゴ（小ダイ）・メバル・小アジなどの瀬戸内の小魚をもちい、焼き味噌仕立てにして、熱い米飯にかける。高知県にも「土佐の薩摩汁」がある。

幕末に、江戸の薩摩藩邸から伝えられたといわれる東京の薩摩汁は、当初から豚肉をもちいている。老舗のとんかつ屋の豚汁がおいしいのは、質のよい豚肉の落とし肉を利用するからであろう。

第六章　洋食と日本人

1　西洋料理の崇拝——明治初期

洋食の四期

「あんパン」「とんかつ」を中心に、洋食を開拓してきた先人たちの活躍ぶりをたどってきた。料理維新期にまかれた西洋料理の種は、その後も、姿形を変えながらつぎつぎに開花した。大正期には、三大洋食といわれる「カツレツ」「コロッケ」「カレーライス」が勢揃いする。昭和期には、本書の主題である「とんかつ」が誕生する。明治期の欧風化政策に始まる外来食の受容は、日本独特の和洋折衷料理として定着したのである。その結果、今日の私たちの食卓は、世界に例をみないほどバラエティーに富んだ豊かなものになった。現在の日本の食の文化のなかで、洋食の占める割合はきわめて大きい。

思い返せば、明治新政府や知識人が積極的に奨励した肉食や西洋料理の普及は、①明治初期を西洋料理の崇拝期とすれば、②中期は西洋料理の吸収・同化期、③後期は和洋折衷料理の台頭期になる。そして、④大正・昭和期には、もっぱら庶民的な洋食が普及して、三大洋食が脚光を浴びる。

本章では、これまでの洋食の流れを改めてこのような四期に分けて、「明治洋食事始《ことはじ》め」という視点から、もう一度、歴史を眺め直してみよう。「とんかつの誕生」までに、先人たちが、どうして六〇年という長い歳月を要したのか。今日の私たちが、日常の食のなかで、とんかつに大きな魅力を感じ続けているのはなぜか。その答えのなかに、今日の日本の食の文化を理解できるキーワードがあるかも知れない。

滋養という概念

ライデン大学比較文化史専攻のカタジーナ・チフィエルトカの「近代日本の食文化における西洋の受容」（『全集日本の食文化　第八巻　異文化との接触と受容』所収）には、「明治天皇が前例を破って、タブー化されていた肉を明治五年に食用したことが、国民の生活に絶大な影響を及ぼした。食肉は公然と認められるようになり、文明開化の象徴として受けとめられた。その導入に刺激を与えたのは滋養という概念である」とある。

西洋文明は、すべてにおいて優れていると見なされた「料理維新」のなかで、西洋人が常食する栄養価の高い牛肉が脚光を浴びたのは当然であろう。しかし、庶民には食べ方（調理法）がまったくわからない。ところで幕末にはすでに、薬喰いと称してイノシシやシカの味噌煮込みを食べる風習があった。この調理法に着目して、獣肉を牛肉に置きかえた牛鍋やすき焼きが現れる。

新政府や知識人が積極的に奨励した本格的な西洋料理は、日常食とあまりにも違い過ぎて、庶民にはとうてい受けいれられなかったが、味噌や醤油により和風仕立てにすると、洋風の材料（牛肉）も容易に受けいれられることがわかる。さらに、滋養（栄養）に富むという利点が強調される。明治洋食事始めのスタートである。

西洋料理の崇拝期における肉食受容の意義を、もう少し考えてみよう。

先人たちは、新奇な肉の味つけを、食べ慣れてきた味（和風調味）に変えることにより、肉食に対する不快感や恐怖感をみごとに取りのぞいたのである。一二〇〇年にもわたる肉食禁忌の分厚い殻を打ちやぶって、洋風の材料（牛肉）を容易に受けいれている。もしも、本格的な西洋料理の導入だけにこだわったならば、魚介や野菜を好んできた日本人は、今日もなお肉食を拒否し続けていたかもしれない。

さらに、第二章の「関西から関東へ」の項でも触れたように、薄切り肉を牛鍋やすき焼きに仕立てることにより、肉食を魚食化して受けいれやすくしたとする説もある。牛肉は、薄く切ることにより、魚の肉のような柔らかい歯触りになる。この影響は、今日もなお続いている。日本の肉売り場では、挽き肉・薄切り肉・細切《こま》れなどのように、料理の用途別に処理した肉を並べている。欧米では、ヒレ・サーロイン・リブロース・肩ロースなど、部位別のブロック状である。空気にふれると鮮度が低下しやすい薄切り肉の陳列など、到底考えられないであろう。

このようにして、一八七二年（明治五）の肉食解禁から「とんかつの誕生」までの歴史は、かなりの時間がかかった洋風素材（牛肉）の受けいれという動きから始まっている。この頃は、豚肉は、まだ一般には見られない。

ところが、まんじゅうの西洋版とも見られる「あんパン」は、早くも一八七四年（明治七）につくりだされる。明治後期に始まる和洋折衷料理法をいち早く先取りして、この西洋料理の崇拝期に現れている。日本の菓子パンの祖として賞賛されるゆえんである。ただ、南蛮文化とともに伝えられたパンが、日本人に受けいれられるのに、三〇〇年あまりも要したという見方もできるかもしれない。

2　西洋料理の吸収・同化――明治中期

西洋料理技術の習熟

西洋の風俗・習慣や、西洋料理のシステムの受けいれは、政府や知識人による公的な場に限られた。その象徴が、連日にわたる鹿鳴館の舞踏会や大夜会であった。さらに、西洋人向けのホテルの建設や、本格的な西洋料理店の実現に、多くの先人たちが、活躍したさまは、

第二章第五節でくわしくふれている。しかし、一八八七年（明治二〇）に、鹿鳴館時代が終わりをつげると、これらの計画も一頓挫してしまう。西洋料理は満足に導入できないし、日本の国の近代化はどうなるのだろう——。この頃の指導者たちの挫折感は、想像以上のものであったに違いない。

しかし、この明治中期にも、二つの特筆すべき動きがあった。

一つは、本格的な西洋料理を社会が少しずつ受けいれていったことである。その代表的なものが宮中の晩餐会にフランス料理を取りいれたことであろう。この習慣は今日もなお続いている。一方、一般の庶民のレベルでは、結婚式の披露宴などに経験する、本格的なフランス料理の導入である。ただし、並べられたナイフとフォークはどれから使うのかなと今でも戸惑うほどに、日常の食習慣とはなじみがうすい。

もう一つは、西洋料理の調理技術を、日本的に再編成しようとした先人たちの努力である。多くの料理人が、当時の西洋料理を通じて切磋琢磨《せつさたくま》する機会を与えられた。こうした経験の中で西洋の調理法を十分に習得し、日本人向けの味についての模索が始まった。そして、これらの習練の積み重ねが、後の「洋食」という大輪を咲かせる肥えた土壌となったのである。

さらに、明治中期には、洋風の主要材料として不可欠な牛肉が、悪戦苦闘しながらも徐々に確保されてくる。より低廉な豚肉は、一九〇〇年（明治三三）に、アメリカやイギリスから種豚を輸入し、本格的な養豚事業が進められる。このように明治中期には、「とんかつの誕生」に向けて、さまざまな西洋の調理法の習得があり、とんかつの材料となる豚肉の国産化も始められていた。

3 和洋折衷料理の台頭――明治後期

和洋折衷料理（洋食）の魅力

明治の中期から後期にかけて、本格的な西洋料理に代わり、和洋折衷料理（洋食）が台頭してくる。庶民が飛びついた理由は、①米飯に適応したおかずである。②気軽な普段着のままの西洋風料理である。③ナイフやフォークを使わずに箸で食べることもできる。④ウスターソースをかける魅力がある。⑤一品洋食やお手軽西洋料理と呼ばれる気安さがある。⑥さらに、たんぱく質が多く、栄養的に優れている、などであった。

一八九七年（明治三〇）頃になると、東京の洋食屋は、急速に普及して一五〇〇店にも達した。

調理学者の川端晶子は、「洋式調理の発達」（『講座食の文化 第三巻 調理とたべもの』所収）のなかで、「洋食」の誕生には、日本独自の折衷料理が関連したとして、「折衷料理とは、固有の日本料理に西洋料理や中国料理その他の料理様式が加わり、渾然《こんぜん》融合して生み出された新しい料理ともいうべきものである。日本における折衷料理は家庭の食事改良の動機に基づいて誕生し、伝達は調理教育の場で、また、料理書や一般雑誌を通じて行なわれた」と述べている。

その過程では、さまざまな折衷料理が出現した。これらの洋食の形式には、いくつかの系統がある。

①カツレツ・コロッケ・エビフライのように、フライ（揚げ物）と米飯の組み合わせ、

②ライスカレー・ハヤシライス・チキンライス・オムライスのように、洋風を取りいれた米飯類、

③ロールキャベツ・シチュー・オムレツのような洋風和食、

である。これらの料理の共通点は、和食の洋風化ではなく、西洋料理の和食化である。後には、とんかつ・串かつ・イモコロッケ・カキフライなど、日本にしかない独創的な洋食が登場する。牛肉とタマネギを炒め、グレービー・ドミグラスソース・トマトで煮込み、ルーでとろみをつけて米飯にかける「ハヤシライス」は、日本にしかない料理であり、明治の末頃から普及しはじめた。

料理学校の開設

亀井まき子の『洋食の調理』(一九一一年〈明治四四〉)は、明治期の洋食を知るうえでの名著である。西洋料理の見方について巻頭に、「西洋料理といへば、我邦《わがくに》では米国風の西洋料理も、仏国風の西洋料理も、みな同じやうに思つてお出《いで》の方が多いのですが、外国通の方に伺つて見ますと大層なちがひで、ことに料理の名からこしらへかたまで全然ちがつて居り升《ます》が、どうか両国のうちで美味《うまい》といつては語弊がありませうが、先《まず》日本人の口にあひさうな料理を、しらべてかきたいと思ひました」とある。原文は、まったく句読点がなく、ながい文章が続いている。

一八九七年(明治三〇)頃から、和洋折衷料理という言葉が流行しはじめたが、江戸期に大成した日本料理と、本格的な西洋料理の間に、もう一つ別の「和洋折衷料理」が存在する──亀井は、このような考え方にもとづいて、二八〇ページのうちの一〇〇ページを、和洋折衷料理の解説についやす。教場で実際に料理して確かめ、すぐに作れるものばかりとある。明治後期の洋食を知るには、欠かせない貴重な文献である。

一九〇一年(明治三四)には、東海道線の急行列車に、洋食専門の食堂車が連結された。旅行者は車内で食べる楽しみが増え、洋食の普及が一段とおしすすめられる。

ところで、一般家庭に洋食を浸透させた原動力には、前述した料理書の普及や、家庭の子女向けの料理学校の開設がある。これまでの料理教育は、プロの育成に限られていたが、一八八二年（明治一五）になると、赤堀峰吉は、東京の日本橋に初めての料理学校「赤堀割烹場」を開き、子女の料理教育に積極的に取りくむ。

たとえば、家庭料理の内容の充実、立働式台所の提案、働きやすい割烹着の考案がある。さらに、フライパンなどの新しい調理器具、計量カップの導入をはかるなど、家庭料理にさまざまな新機軸を打ちだす。一八八六年（明治一九）には、東京女学校の教科に、西洋料理が採用される。さらに、家庭の子女に、洋食の知識を習得させるために、女学校での割烹教育が盛んになる。

台所の移り変わりも、洋食の発展と関わりが深い。明治初期までの台所は、江戸期とほとんど変わらない。しかし、一八八七年（明治二〇）に電灯が導入されると、その後の台所は近代化へ歩みだす。和洋折衷料理に必要な設備や調理器具が、しだいに整いはじめる。オーブン・フライパン・中華鍋・蒸籠《せいろう》などのたぐいである。

明治三〇年代の理想的な台所として、大隈重信邸や岩崎弥太郎邸が紹介される。ガスを熱源とする画期的な設備である。ただし、大隈の日常食は、洋食でなくもっぱら和食であったらしい。その後、今日にいたるまで、日本の台所は和洋中華という広範囲な領域に対応しながら、時代に即した変貌を続けている。台所の器具が増加し過ぎるという大きな課題もあろう。しかし、このような台所の多様化により、大正から昭和にかけて、家庭料理としての洋食作りが可能になったのである。

カフェで洋食が食べられる

洋食の導入にあたって、日本人はなぜ米飯にこだわりつづけたのだろう。昭和女子大学食物学研究室編『近代日本食物史』（一九七一年）には、「米は日本の風土に栽培条件が合っている上、調理加工に手数がかからず、しかもその味が日本料理にも西洋料理にもよく合い、豪華な料理にも合えば、ごま塩だけでも食べられるという特徴を持っているため、一たん米を主食にしはじめると、食事全体を急速に米偏重に傾かせる傾向があった。しかも米のたんぱく質は、幸か不幸か小麦などよりも質的にすぐれており、大食さえすれば米だけで結構生きていけた」とある。

アジアの水田稲作農耕文化圏に属する日本は、海の幸・山の幸にも恵まれ、米中心の独特な食文化を形成する。米飯に適応した洋食は、米だけに頼る日本人にとって、願ってもない新しい食習慣の導入であった。そのために、爆発的に普及したのであったろう。

ところで、大正から昭和にかけて隆盛をきわめたカフェもまた、庶民の洋食の普及に一役かっている。明治の中期から後期にかけて、カフェが続々と登場する。一九一一年（明治四四）に、東京京橋日吉町《ひよしちょう》に欧風の「カフェ・プランタン」、同じ年に、銀座尾張町角に「カフェー・ライオン」、南鍋町《みなみなべちょう》に「カフェーパウリスタ」が開店する。「カフェ」とは、文字通りコーヒーを飲ませる店である。日本では、一八八八年（明治二一）に、東京下谷《したや》の上野

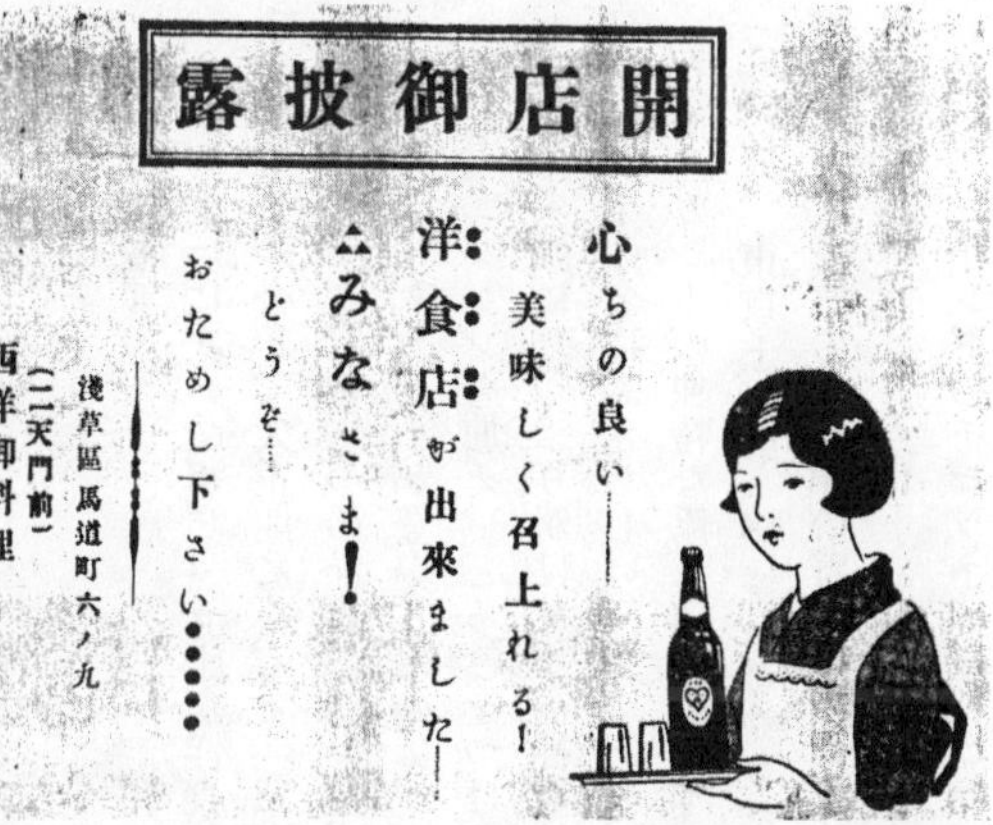
開店御披露
心ちの良い――
美味しく召上れる！
洋食店が出來ました――
みなさま！
どうぞ……
おためし下さい●●●●●
浅草區馬道町六ノ九
（二天門前）
西洋御料理
カフエー山翠

図15　大正期のカフェの広告（増田太次郎『チラシ広告に見る大正の世相・風俗』より）

西黒門町に、「可否茶館」が開店したのが最初とされる。

　カフェの機能は、コーヒーだけを飲ませる店→家族連れで洋食を楽しむ店→美人のサービスで洋酒を飲ませる店と、移りかわっていく。図15にみるように、大正期のカフェのチラシに、「心ちの良い、美味しく召上れる洋食店が出来ました。みなさま、どうぞおためし下さい。西洋御料理カフェー山翠」などとある。

　メニューには、ビーフカツレツ・ビーフステッキ・メンチボー・シチュービーフ・ライスカレー・コーヒーなどがある。この頃には、「とんかつ」はまだ誕生していない。

　酒が供されるようになると、洋食を楽しむ家族連れは姿を消してしまう。新たに、文人・画家・演劇人が客として登場し、独特な文芸論を戦わせる場となる。女流文学発祥の地ともなり、林芙美子・宇野千代・佐多稲子らが生まれ育っていく。カフェが、大正から昭和の初期に、庶民に洋食を普及させた功績は大きいであろう。

ライスカレー

「カツレツ」に次いでポピュラーな洋食に、「ライスカレー」「コロッケ」がある。日本人の嗜好に最も適合し、大正期になると「三大洋食」と呼ばれた。ここで、今も日本人に絶大な人気がある、これら二つの洋食について、少々、紙数を割《さ》くことにしよう。

まず、ライスカレーが登場したのは、明治二〇年代である。少量の肉に、ジャガイモ・タマネギ・ニンジンを加え、とろみをつけた糊っぽいカレーソースを作る。粘りのあるジャポニカ種の米飯にたっぷりかけて、福神漬けやラッキョウ漬けを添える。いかにも和洋折衷料理の優等生の名にふさわしい洋食であり、さまざまなエピソードがある。

ライスカレーの独特な添え物に、日本にしかない「福神漬け」がある。一八八六年（明治一九）に、東京上野の「酒悦《しゆえつ》」が売りだした。ダイコン・ナタマメ・ナス・シイタケ・カブ・ウド・シソの七種類の野菜を福の神に見立て、醬油・みりんで漬けこむ。日本郵船の食堂で、これをライスカレーに添えたところ大変に好評で、日本人の好みに合って今日まで続いている。インドのチャツネ、ヨーロッパのピクルスのたぐいである。

一八九四～九五年（明治二七～二八）の日清戦争の頃になると、ライスカレーは、都会の中流家庭を中心に、急速に普及する。

同じころ、一八九五年（明治二八）の『女鑑《じょかん》』に、本格的なライスカレーの作り方が出ている。「玉葱を縦に二つ割となし、其小口より薄く切りたるを、バター（ソップの脂《あぶら》を用ふるもよし）にて炒り、牛肉を厚さ二三分に一寸程の大きさに切り、之を前の炒りたる玉葱に交ぜて、再び炒り、之にカレイの粉、小麦粉と牛乳とを混和し、食塩を以て調味し、文火《ぬるび》にて凡そ一時間程煮るべし、其煮えたるを待ち、之を飯と別の器に盛り、又は飯の上に掛けて食用とするなり」とある。

今日のビーフカレーと、ほとんど同じものである。ライスカレーの急速な出現に、胃弱の夏目漱石はかなりの興味をもったらしい。早速に、『三四郎』のなかで取りあげている。

クイズのような話になるが、今日でも、「カレーライス」「ライスカレー」の二通りの呼び名がある。どちらが正しいのだろう。前者はカレーソースが多く、後者はライスが多いという説明は誤りである。

明治の後期になると、カレーソースとご飯を、別々の器に盛る方式から、ご飯の上にカレーソースをかける日本独特の様式になる。ちょうどこの頃の『女鑑』（一九一二年〔大正元〕）に、それまでの語順とは逆の「カレーライス」という言葉が出てくる。しかし、両者の違いについての説明は見当たらない。そして、大正期になると、「カレーライス」の呼び名の方が多くなり、今日に及んでいる。和洋折衷料理（洋食）のなかで生まれた、不思議な言葉遊びかもしれない。多くの辞書には、同じ意味に使われているとある。

本書は、『女鑑』の流れにしたがい、明治期は「ライスカレー」、大正期からは「カレーライス」と使いわけてみた。ちなみに英語では、カリー・アンド・ライス（curry and rice）とか、カリード・ライス（curried rice）という。

カレー粉消費量世界第二位に

ライスカレーにかかわるエピソードを続ける。石井治兵衛は、『日本料理法大全』（一八九八年〈明治三一〉）のなかで日本料理として取りあつかい、二種類のカレーの作り方を紹介する。村井弦斎の『食道楽』（一九〇三年〈明治三六〉）は、ライスカレーには、イギリス風の澄んだものと、インド風の濁った肉のカレー煮とがあるとし、本格的なルー仕立てのカレーについては、「玉葱《たまねぎ》大一個にんにく三片を細かにきざみ、バタ大匙《おおさじ》一杯を以《もっ》てフライパンにて炒り付け、メリケン粉大匙一杯を入れ、又カレー粉中匙一杯を加へ、総体《そうたい》の色が狐色に着くまで炒り付け、其内へスープ二合を注入して能《よ》く攪混《かきま》ぜて、ドロドロになりたる時分に塩砂糖を適宜《てきぎ》に加味し、細かにきりたる肉を加へ、凡そ一時間ほど弱火にて煮たる汁を、飯にかけて食るなり」とある。

一九〇六年（明治三九）になると、東京神田松富町の「一貫堂」が、ルーと肉を一緒に乾燥した「カレーライスのたね」「ハヤシライスのたね」を売りだす。カレー粉と肉を調合して乾燥したもので、当時としては画期的な新商品である。熱湯でとくだけでよいとある。しかし、残念なことに、風味に改善の余地があり普及していない。即席カレーの祖型である。明治四〇年代になると、本格的なカレー粉の輸入が始まる。明治末には、一風変わった「ハヤシライス」も人気がでる。

一九一二年（明治四五）の『山陽新聞』に、ライスカレーの存続をあやぶむ記事がのる。「西洋料理にライスカレーといふのがある。私はそれを食ふ時何時もこの位現代の日本を表象して居るものはないと思ふ。西洋の文明と日本の文明が一箇の皿の上に交ぜ合はされて一種の風味を出して居る点《てん》、其処に過渡時代の哀愁が含まれて居る。余り旨くも無くて、それで腹が膨れる工合は左程感心出来ぬ。ライスカレー文明は今後何時まで続くであらうか」とある。ライスカレーという和洋折衷料理については、賛否両論があったらしい。

しかし、その後の日本人は、ライスカレーをすんなりと受けいれてしまう。それというのも、短時間で簡単に作れ、材料も安く、それでいておいしく、しかも短時間で食べられて、粘りのある米飯によく合う料理に庶民が飛びついたからである。ライスカレー存廃論は、大正期に入ると見事に吹きとばされる。そして、本場のインドについで日本は、カレー粉の消費量が世界第二位の国になってゆくのである。

カレー料理の歴史

ところで、カレー料理の発祥や歴史的な変遷には、興味深い話が多い。話はさらに横道にそれるが、ふれておくことにする。

カレーとは、さまざまなスパイスの混合で、一種類のスパイスの呼称ではない。カレーという言葉は、北インドのタミール語のカリ（kari）に由来する。インドのカレー料理に使われるスパイス類は、多種多彩である。クローブ・ナツメッグ・カイエンペッパー・スターアニス・タイム・フェンネル・メース・ターメリック・コリアンダー・クミン・シナモン・オールスパイス・パプリカ・バジル・オレガノ・キャラウエイ・ローリエ・ジンジャー・ガーリック・マスタードなどがある。

このなかから好みの五〜六種類を選び、適量ずつを混ぜあわせてカレー料理を作る。粒のまま、あるいはペースト状、粉末など、選び方や使い方により、それぞれの料理の持ち味が決まる。ちなみに、日本のカレー粉は、色づけにターメリック、香味にフェンネル、辛味にペッパーのように、二〇〜三〇種類のスパイスを調合している。

インドでカレー料理が発達したのは、スパイスの主産地に近く、長年にわたり集積地としての役割をになったからである。独特な芳香とともに、腐りやすい生肉の鮮度を保ち、肉の臭みを消し、健胃や強壮の効果もある。

やがて、インドの独特なカレー料理に、ヨーロッパ諸国が注目しはじめる。江戸中期の一七七二年（安永元）に、初代ベンガル総督のウォーレン・フェスティングは、インドのスパイスとコメに興味を抱き、イギリス本国へ持ちかえる。このときに、インドのカレー料理が紹介されたのである。これがイギリスで関心を集め、カレーの需要が高まると、世界最初のカレー粉製造会社のC＆B（クロス・アンド・ブラックウエル）が設立される。カレー料理は、フランスに伝えられ、ルーでとろみをつける調理法がうまれ、肉料理のキュリー・オ・リに変身する。

インドからヨーロッパに伝えられたこのカレー料理は、どのように調理法が変遷して、日本で和食化されたのだろう。

①インドに発祥したカレー料理は、本来は、肉のカレー煮込みである。インドでは、ルーとしてのコムギ粉はもちいない。ジャガイモ・ギー（乳製油）・ヤシの実でとろみをつける。

②イギリスに伝えられると、ルーを加えてとろみをつけるようになった。

③日本に伝えられると、肉の量が減り、肉の煮込みでなくなり、ジャガイモ・ニンジン・タマネギなどの野菜の量が増えた。コムギ粉（ルー）が増え、日本人の大好きな糊食になったのである。

コロッケの出現

「大正三大洋食」の残るもう一つとなるコロッケも、明治中期の鹿鳴館時代以降に現れ、明治三〇年代の半ばに一般化したものである。そして、後述するように、大正中頃の不況期になって大流行する。

ヨーロッパでは、具材にホワイトソースを加えるクリームコロッケが主で、ジャガイモはつなぎ程度にしかもちいない。ところが日本に伝えられると、関西で裏ごししたジャガイモばかりの「いもコロッケ」に作りかえられ、肉屋のコロッケとして売りだされる。

『女鑑』（一八九五年〈明治二八〉）に、「牛鳥肉の細末を、ジャガイモに混ぜ合はせ楕円形に成型し、ヘットで揚げる」と、いものコロッケが紹介される。また、クリームコロッケの作り方について、「芝海老《しばえび》（くるま海老にてもよし）を塩湯《しおゆで》となし、其皮を剝ぎ、賽《さい》の目に切り、別にバターを鍋にて解かし、之に小麦粉と牛乳を少し宛《ずつ》入れつつ攪回《かきま》はし、其丸るめらる位の軟かさになりたるとき、前の海老をバターにて炒りて、之に混和し、器に取りて冷まし、其冷めたるを待ち、楕円を細めたる形に、凡そ二寸位に固ため、之にパン粉を付け、其上に鶏卵を塗り、又《ま》たパン粉を付けて、牛の脂にて揚ぐるなり」とある。

ちなみに、コロッケという奇妙な言葉は、フランス料理の付け合わせのクロケットに由来する。これは、鶏肉・子牛肉・野鳥肉・エビ・カニ・カキ・ハム・卵黄・タマネギ・アーティチョーク・トリュフ・シャンピニオン・マカロニなどに、ベシャメルソース、つなぎのジャガイモを混ぜあわせて成型し、コムギ粉・溶き卵・パン粉をきせて油で揚げたものである。フランスでは添え物のコロッケだが、イギリスでも、日本と同じように主体料理として扱われる。

外食としての洋食

さて、三大洋食にしばらく紙数を割いてきたが、ここで再び本来の、明治後期における「洋食」全体の話に戻ることにする。

明治の半ば頃から、洋食は、庶民の間に急速に普及し始めた。しかし、家庭内の食事構成をみると、洋食が和食を圧倒したわけではない。後述するように、一九一七〜二〇年（大正六〜九）の統計でも、家庭で作る料理様式の割合は、和風八九・四パーセント、洋風九・二パーセント、中国風一・一パーセントであった。すなわち、家庭で作る料理様式の構成比率は、和食：洋食＝八九：九となり、洋食は、和食のわずかに一割に過ぎない。洋風や中国風の献立が、家庭料理のなかで増えるのは、ずっと後の昭和期の後半からである。

『近代日本食物史』によると、明治末頃の家庭内の和洋折衷料理について、「西洋料理が、家庭のものになったということは、それを食べようと思えば作れるようになったということであり、決して、いつも食べていたことを意味するものではない。雑誌の料理記事には、西洋料理が過半数を占めるようになっていたとはいえ、読んだ料理を実際に作って食べることは、かなり開けた家庭でも少なかったのではないかと思われる」とある。

このようにして洋食は、外で食べるもの（外食）として定着してゆく。ナイフやフォークは、まだ庶民の家庭では珍しいものだったのである。さらにまた、明治の末頃の都会の日常食は米飯が一般であり、家庭の食事のなかに、パン食はなかなか浸透していかない。料理屋を利用する宴会は、相変わらず日本料理が圧倒的に多いのが実情であった。

洋食に関心を示す庶民に対して、冷や水を浴びせる者も現れた。第三章でも述べたように、一八九一年（明治二四）頃に川上音二郎は、「オッペケペ節」のなかでうわべだけの洋風化を痛烈に批判する。「腹にも馴れない洋食を、やたらにくうのもまけ惜み」――しかしこのような傾向はさらに続き、多くの日本人は、外食で洋食、内食（家庭料理）で和食という、使い分けの食習慣をもちはじめる。

日本料理への影響

このような洋食（和洋折衷料理）の浸透の中で、伝統的な日本料理はどのような影響を受けたのだろう。

遠く室町期に、日常生活の幅が広がり、食に対する日本人の遊び心から、大草《おおくさ》流・進士《しんじ》流・四条《しじょう》流・園部《そのべ》流などの日本料理の家元が誕生した。その結果、まな板・庖丁・箸などの取扱い方や、厳格な食事の作法ができる。割烹と呼ばれ、庖丁の技を大切にする日本料理が大成し、文化・文政年間（一八〇四〜三〇）頃には、江戸の料理文化は最高潮に達する。料理茶屋が現れ、うどん・そば・すし・てんぷら・かば焼きなどの庶民の屋台も普及する。

ところが、明治維新を迎えて肉食が奨励され、「あんパン」が流行し、「洋食」がつぎつぎにつくられていくと、日本料理の伝統的な屋台骨がぐらつき始める。

一八九八年（明治三一）に、四条流家元の石井治兵衛（八代目）は、日本料理の全体像をまとめて、一五〇〇ページに及ぶ厖大《ぼうだい》な『日本料理法大全』を出版する。日本料理を志すプロの間では、今日もなお日本料理のバイブルとして、高く評価される名著である。

このなかで石井は、洋食とは和風化された西洋料理なのか、西洋料理化された和食なのか、この大きな課題に対して、苦しい対応と決断を迫られている。洋食は、日本料理なのか西洋料理なのか、この結論を出す必要が出てくる。

明治維新は料理の世界をも変え、旧弊《きゅうへい》にとらわれた日本料理の権威主義は否定され、新たな「料理維新」の開幕となる。そして、カツレツ・ビーフステーキ・フライ・コロッケ・ライスカレーなどが、『日本料理法大全』のなかに数多く盛りこまれた。洋食は、立派な日本料理として再評価されたのである。

以上、和洋折衷料理（洋食）の台頭期としての明治後期を中心に、さまざま述べてきた。この明治後期は、「とんかつの誕生」に向けての最も大切な時期となった。というのも、明治後期以降、都市化の急速な進行のなかで、サラリーマンなどを中心に、日本化された洋風料理が浸透しはじめたからである。そして、それまでの「ビーフカツレツ」や「チキンカツレツ」に対し、大正期にかけ、「ポークカツレツ」の人気が急上昇する。牛肉よりも豚肉の方がはるかに廉価であり、庶民は、より気軽に食べることができ、親しみが湧いたのであろう。さらに、豚肉の普及により、西洋料理よりも遅れて、中国料理も注目され始めた。

4　洋食の普及——大正・昭和期

三大洋食が脚光をあびる

大正から昭和期になると、もっぱら庶民的な洋食が普及して、すでにのべたように「三大洋食」が脚光を浴びる。さまざまな西洋料理は自然淘汰《とうた》されながら、精養軒のような本格的な西洋料理店がさらに発展する一方、屋台の洋食屋や一品洋食屋は庶民の強い人気に支えられてさらに増えていった。また、和洋中華と何でも取りあつかう、総合的な大衆食堂やデパートの大食堂が出現し、家庭料理のなかにも、洋食が徐々に浸透しはじめるのである。図16は大正期牛肉店の電車用ポスターを示している。

これらの洋食のうち、大正期以降の「カレー」の流れを追ってみると、一九一四年（大正三）に、東京日本橋の「岡本商店」が「ロンドン土産即席カレー」の取次販売を始める。「手軽にできて美味、食欲の進まぬ時、突然に来客のあった時、之が一番」とある。湯でと

図16　大正期の牛肉店の電車ポスター（『現代商業美術全集22』より）

いて、肉と野菜を入れるだけの、今日と同じ考え方の即席カレーである。

第一次世界大戦（一九一四〜一八）の頃から、カレー粉の需要が増えはじめる。軍隊では、カレーライスは辛味《からみ》入汁掛飯《いりしるかけめし》と呼ばれ、人気ものとなる。

コロッケのその後についてもふれよう。ジャガイモをもちいた「いもコロッケ」は、前述したように、『女鑑』（一八九五年〈明治二八〉）に見られる。しかし、庶民の間に流行をみるのは、大正の中頃の不況期からである。不況を吹きとばすように、軽快な「コロッケの歌」が登場する。あんパンの流行が広目屋の宣伝で浸透したように、コロッケも歌により急速に広まる。

一九一七年（大正六）に、東京の帝国劇場で上演された喜劇の『ドッチャダンネ』

で歌われ、浅草の日本館の「カフェーの夜」でも取りあげられる。「ワイフ貰って嬉しかったが　いつも出てくるおかずがコロッケー　今日もコロッケー　明日もコロッケー　これじゃ年がら年中コロッケー　アハハッハ　アハハッハ　こりゃ可笑《おか》しい」とある。見たこともない、食べたこともないコロッケを、全国各地に広めた功績は大きい。

関東大震災後の洋食と須田町食堂の盛況

大正も末頃になると、洋食についても、さまざまな変化が出てくる。とくに、関東大震災（一九二三年〔大正一二〕）後の焼け跡のなかで、気軽に立ち食いができる、洋食のカレーライスが人気を呼ぶ。さらに、中華そば屋・洋食屋・喫茶店が増えてきて、江戸期の庶民に人気の高かった、そば屋の客が減りはじめるという異変が起こった。

今日の私たちは、そば屋でかつ丼やカレーライスを、当たり前のように注文している。「そば屋の洋食」に、誰も不思議さを感じない。しかし、この食習慣は、震災後に、東京のそば屋が、起死回生をはかって導入したものなのである。

そば屋といえば当時、畳敷きの部屋で手打ちのそばを出していて、いささかマンネリ化した沈滞ムードがあった。そこへテーブルと椅子がおかれ、豚肉のカレーライスやかつ丼がメニューに加えられる。そば屋の洋食は、その気安さから急速に支持者が増えて、今日では全国に普及している。ちょうどこの頃に、「いもコロッケ」が肉屋の店頭に現れていた。細切り肉（屑肉）を活用した、関西らしいアイデアである。皮つきのままで、蒸したジャガイモを裏ごしすると、ちぎれた皮が肉にみえるという、珍アイデアも飛びだす。

大衆食堂が、洋食を廉価で普及させた功績も大きい。図17は大正後期の洋食屋のチラシを示している。第一次世界大戦終結後の不況や関東大震災という大正末の激動の世相の中で、東京神田に「須田町食堂」が開店する。和洋中華のすべての料理を、一店で取りあつかうという大衆飲食店の出現である。

図17　大正後期の東京の洋食屋の広告（増田太次郎『チラシ広告に見る大正の世相・風俗』より）

すき焼き・カツレツ・エビフライ・カレーライス・ハヤシライス・チキンライス・オムライス・メンチボール・野菜サラダが、五〜八銭という気軽な値段で食べられた。庶民は、慣れないナイフとフォークで、洋食気分を満喫する。地方からも洋食を目当てに、客が押しかけるという盛況ぶりである。須田町食堂は、大正末から昭和にかけて、チェーンストアとして華々しく展開する。大阪からは、大衆食堂の「モーリ」が東京に進出し、カレーライスや、うな丼を普及させる。
カレーライスの人気はなお強く、東京新宿の「中村屋」、銀座の「資生堂」、大阪梅田の「阪急デパート」が積極的に売りだす。「阪急大食堂」のカレーライスは、百貨店創業以来のもので、二〇〇二年の閉店まで、人気商品の一つであったという。

明治期に形をととのえた洋食は、大正期に入り都市化が進むなかで、大衆食堂を中心に全国的に急速に普及し浸透していった。一方、和食料理店とみずからを区別していた洋食屋は、和洋を兼用する飲食店としての再編成を促されることになった。さらに、中華そば・ワンタン・チャーハン・シューマイなどの中華点心を取りあつかう、「簡易中国料理店」も、続々と誕生した。そしてこれらを総合的に取りあげたのが、「デパートの大食堂」だったのである。

とんかつ誕生す――昭和の洋食

一九二六年（昭和元）に、そば屋に「カレー南蛮」が登場する。一九二七年（昭和二）に、東京新宿の中村屋で、骨つきの若鶏を煮込んだ「純印度式カリー」を売りだす。日本に亡命してきた娘婿のラス・ビハリ・ボースがつくったもので、インドより直輸入したカレー粉をもちい、鶏肉・バター・米などの素材を吟味し、米飯とカレーは別々の器に盛り、薬味にピクルスを添えた。当時の価格で五〇銭であり、一般のカレーライスの四〜五倍であったが、今日もなお、看板商品として人気が続いている。

一九三〇年（昭和五）に、国産のカレー粉がつくられ、一九三二年（昭和七）には、カレー粉とルーを混ぜあわせた「即席カレー」が出現する。今日のカレーの盛況ぶりは、固形カレー・レトルトカレー・冷凍カレー・カレーの缶詰など、数え切れないほどに多種多彩になっている。

一方、肉屋の惣菜として洋食が盛んになり、揚げ立てのカツレツ・コロッケ・フライが、都市部の家庭の食卓をにぎわしはじめた。熱いうちに買ってくれれば手間ひまがかからず、台所も汚れず、しかも魚よりも安いとあれば、肉屋の揚げ物に家庭の主婦が飛びついたのも当然である。図18は、昭和初期の屋台の洋食屋をしめす。

図18　昭和初期の屋台の洋食屋（『味百年』より）

こうしてみれば、東京下谷のポンチ軒が「とんかつ」を初めて売りだしたとされる一九二九年（昭和四）は、洋食を作り、食べる環境がかなりととのえられた頃である。これまで述べたような、先人たちのさまざまな工夫や苦心の末に、庶民の洋食が勢ぞろいし、「食のレベル」として頂点に達したときに、「とんかつの誕生」となった。「とんかつ」はまさに洋食の王者の貫禄にふさわしくそのボリュームを誇り、またその反響も大きく、上野や浅草の下町に、とんかつ屋を林立させ、全国各地に急速に普及していった。

このような経緯により、「とんかつの誕生」は、「明治洋食事始め」以来六〇年の歳月の末に、日本の庶民が「肉食」を正面から受けいれたことを証したのである。

一切れのとんかつには、たくさんの日本人の知恵が結集されている。庶民の総力によって料理を作りつづける、世界でもまれな日本の食の文化が、これから先どのような展開をみせるのか、筆者は楽しみにしている。

エピローグ

料理維新――現代日本の食の原点

「料理維新」の意味するもの、「明治洋食事始め」とは、いったい何であったのだろう。今日の私たちの食生活に、どのような意義があったのだろうか。本書を終えるにあたって、もう一度それをふりかえってみれば、一三〇年前の料理維新こそが、今日の日本の食の豊かさをもたらした原点であった。

欧米諸国から頻繁に開国を迫られた幕末、その頃の日本人の食卓は、なんとも貧しいものであった。明治維新を迎え、急速に近代国家への道を歩みはじめると、「西欧に追いつき追いこせの大号令」は、根本的な食事内容の変革にもつながった。欧米諸国と対等の立場に立つためには、何よりも滋養豊かな西洋食を導入することが先決とされた。

一二〇〇年におよぶ肉食禁忌の思想は、明治天皇の獣肉解禁により打ちやぶられる。そして、政府や知識人は、積極的に牛肉食を奨励し、本格的な西洋料理の普及につとめる。しかし、庶民の抵抗感はなかなか払拭《ふっしょく》できず、和食のなかに、素材として牛肉を取りいれることから始められた。牛鍋やすき焼きのたぐいである。

米飯を偏重する日本人は、主食としてパンを取りいれることができず、おやつ（間食）として「あんパン（菓子パン）」をつくりだす。こうして「ナナメ」からパン食を始めた日本人であるが、今日の日本は世界一のパン王国になった。一方、高級な西洋料理になじめない庶民は、米飯に適応しやすい独特の洋食をつぎつぎにつくりだした。カレーライス・コロッケ・とんかつなどの洋食により、日本人の食卓は豊かさを増した。このような先人たちの努力により、日本は現在、米飯を中心にした和洋中華という、世界にもまれな多種多彩な料理文化が花開いている。

日本は、四面を海に囲まれた島国であり、長い間、食糧資源を自給自足する道を歩んだ。「土産土法」という言葉は、このような気候風土や自然環境のなかで育てられた。その土地で採れたものに、最もおいしい調理の技術を加えて、よりおいしく食べるという人間の知恵である。今日の私たちは、数々の郷土料理に、その積み重ねを見ることができる。しかしその一方で、外来の食べ物が伝来するたびに、貪欲なまでにこれらを取りいれ、同化しようとした。

中国や朝鮮半島で育たなかった洋食

「洋食」はまさにその精華であるが、同じように西洋食と出会ったはずの中国や朝鮮半島では、どうして「洋食」が育たなかったのだろう。

たとえば、国際都市の上海では外国の文化と接する機会が多く、広東《カントン》料理も、トマトケチャップ・牛乳・パン・洋風の素材や調味料など、西洋料理の影響を強く受けている。朝鮮半島では、日本が統治した不幸な時代に、カレーライスが普及したり、朝鮮戦争のときに、アメリカの食べ物が浸透したりしている。しかし、中国や朝鮮半島の伝統的な民族料理はいささかも揺るがず、日本のように、外来文化の影響による洋食は出現していない。

石毛直道は『食事の文明論』（一九八二年）の中で、「日本人の料理技術体系の側に問題をはらんでいたから、洋食とならんで、中華が日本人の食生活にとり入れられて、現代のわたしたちの食卓の、一見無国籍風な光景をつくりあげたと考えざるをえない。日本の伝統的料理技術の体系が、肉食と油脂の使用を欠如したものであったので、その空白部分を埋めるものとして、洋食と中華が登場したのである」と述べている。それも一つの理由ではあろう。

しかし筆者は、日本に洋食が根づいたもう一つの大きな理由として、日本人が環境の変化に順応しやすく、雑食性の強い民族であり、東南アジア・中近東・中南米・アフリカなどのように、固有のエスニック料理（民族料理）の育つ余地がなかったことをあげておきたい。この特徴は、日本の食を形成する大きな基盤になっている。

もしも、このような固有の民族食が存在していれば、多種多様な外来食の日本化は起こらなかったに違いない。換言すれば、むしろ食に対する主体性がなかったために、世界中の食を吸収・同化して享受する技が生まれたのである。それは同じ箸食文化圏の中国や朝鮮半島の食の文化と比較したときに、根本的な違いを見出すことができる。

コムギ粉料理と日本人

もう一つ、興味のある日本の食の文化について触れておこう。日本の食の生い立ちには、幾度かの劇的な外来文化との遭遇がある。偶然の一致かも知れないが、そのつど、素材として、コムギ粉が大きく取りこまれている。

①奈良から平安期にかけての約二六〇年間に、遣唐使が十数回派遣され、留学僧や留学生が唐の優れた文物を持ちかえった。このときに「唐菓子」が伝えられたが、唐菓子は、コメ粉やコムギ粉の生地を丸めたり延ばしたりして成型し、蒸したり揚げたりして作る。穀物の粒食しか知らなかった日本人に、粉食加工という大きな技術をもたらしたのである。

②さらに、鎌倉期にかけて、中国から製めん技術が伝えられ、独特の手延そうめん・冷やむぎ・うどん・そばなどの「めん類」が、つぎつぎにつくられた。めんには、一四〇〇年間の日本の食の歴史がある。

③鎌倉期に、中国から「蒸しまんじゅう」が伝来した。城下町の伝統的な和菓子から、全国各地の観光みやげの温泉まんじゅうにいたるまで、日本人好みの和菓子として定着し

ている。

④安土桃山期に、南蛮船により南蛮料理や南蛮菓子が伝えられた。中国との接触の多かった日本は、初めて、直接に、ヨーロッパの異文化と出会ったのである。「パン」が伝えられ、のちに「てんぷら」や「長崎カステラ」がつくられた。

⑤そして、明治維新を迎え、和洋折衷料理の数多くの「洋食」が誕生した。パン粉やルーの素材として、コムギ粉の新しい洋風の価値観を学んだ。

⑥第二次世界大戦後は、大陸からの引揚者により餃子《ギョーザ》が再度伝えられ、「ラーメン」が全国的にブームとなる。さらに、「インスタント・ラーメン」という世界的な発明が、逆に世界に向けて技術輸出される。一方、短期間のうちに、世界中のコムギ粉料理が日本の食のなかに取りこまれた。イタリアの本格的な「パスタ料理」や「ピッツア」、「エスニック料理」のなかでも、コムギ粉は欠かせない存在となる。

米飯に執着し続けた日本人は現在、コムギ粉を取りこみながら、米飯中心の多種多彩な料理を展開し続けている。

日本型食生活の完成

このような食の変貌のなかで、日本人の料理様式の内容は、どのように評価されるのだろう。明治維新から百数十年あまりの間に、著しい変貌を遂げた食は、米飯・魚介・野菜を中心にしながら、肉・油脂・乳製品を加えることに成功している。その結果、家庭料理の内容が、大きく変化していく。

杉田浩一責任編集『講座　食の文化　第三巻　調理とたべもの』（一九九九年）によると、大正六〜九年（一九一七〜二〇）は、まだ和風料理が圧倒的に多いが、一九六五年（昭和四〇）になると、洋風料理や中国料理が増えてきて多様化する。さらに、一九九五年（平成七）頃になると、健康志向により、脂質をとりすぎない伝統的な和風料理が見直される。表5は、これらの時代の移り変わりによる様式別調理の割合を示す。

そして、日本人の食生活の内容は、昭和三〇〜四〇年代頃に、急速に改善される。

①米飯に依存しながら、
②オオムギ・コムギ・ダイズなどを配し、
③魚介を中心とした質のよい動物性たんぱく質を摂取し、
④繊維質の多い野菜を豊富に取りこみ、
⑤洋風化に伴う肉・牛乳・乳製品の消費も増えている。

これらの日本型食生活の基盤は、和洋中華の混合型・折衷型の外来食の日本化にあり、全

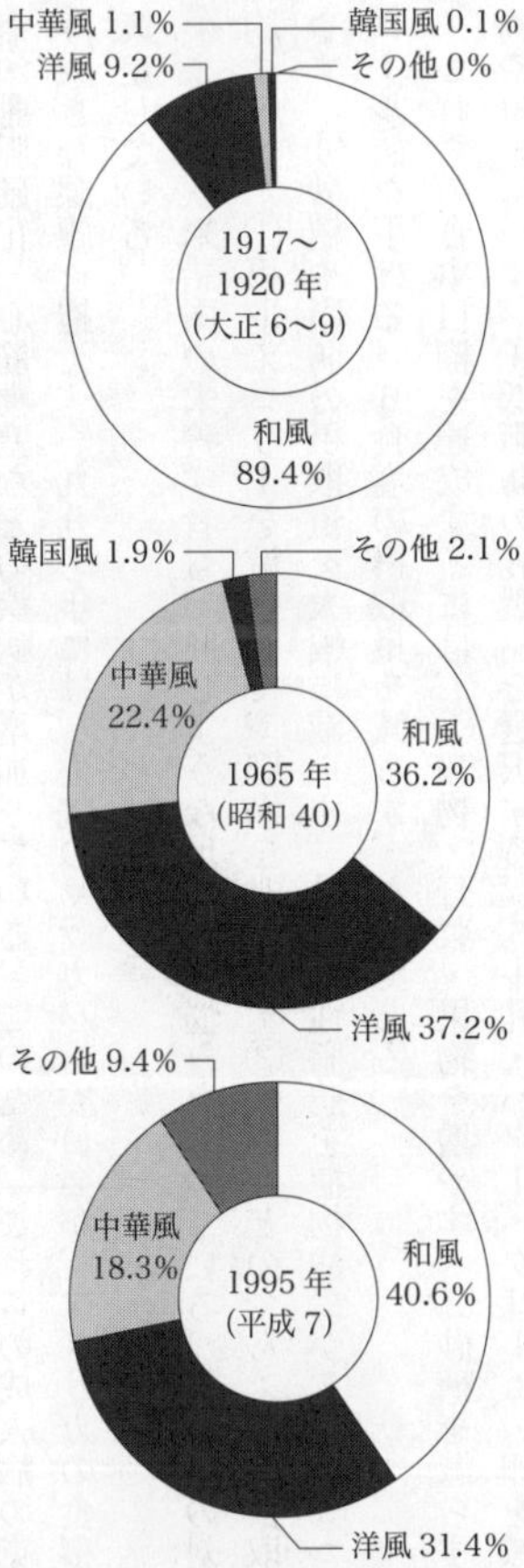

表５　時代による様式別調理の割合（下村道子「家庭料理の多様化」〔杉田浩一責任編集『講座　食の文化　第3巻　調理とたべもの』所収〕より）

体の食品の構成バランスはきわめてよい。わずかに一〇〇年あまり前の食習慣からは、まったく想像もできないさまがわりである。そして、日本型食生活は、成人病に悩む世界の注目するところとなる。

たとえば、現代のアメリカでは、動物性たんぱく質・脂肪・糖質の過剰摂取により、糖尿病・動脈硬化・心筋梗塞などの疾病が増加している。このため、これらの成人病の克服という大きな課題を抱え、一九九〇年には、上院のマッカバン委員会が、アメリカの食事目標を策定している。

また、欧米諸国の栄養学者も、同じような現代病の悩みをもっている。これらの対策を要約すると、①摂取カロリーを減らして、肥満を避ける。②穀物などのでんぷんの摂取量を増やす。③砂糖や脂肪の摂取量を大幅に減らす。④動物性脂肪を植物油にかえる。⑤コレステロール値を下げる。⑥食塩の摂取量を減らす、などである。

これらの食事目標を達成するには、①穀物・野菜・果物を増やす。②砂糖を減らす。③鶏肉や魚を増やす。④低脂肪の乳製品を選択する。⑤牛乳・バター・クリーム・卵を減らす。⑥食塩を減らす、などの対策が必要である。アメリカでは、脂質系調味料の使いすぎが再検討されている。そして、日本の醬油が注目され、牛丼や即席めんに人気が集まっている。

日本では、一九八五年（昭和六〇）に、厚生省が健康づくりのための食生活指針を発表した。その骨子は、①多様な食品を摂取し、栄養バランスをよくする。②日常の生活活動に見合ったエネルギーをとり、食べすぎに気をつける。③脂肪の量と質を考える。④食塩はとりすぎない。⑤心の触れ合う楽しい食生活を心がける、などであった。

また、農林水産省も、①牛乳の摂取によりカルシウム不足を補う。②朝飯をとる、など望ましい食生活を掲げている。

現代の食卓がかかえる難問

昭和三〇年代の日本型食生活の完成に向けての、明治期以降の食の流れを駆け足で追ってみた。その結果、今日の日本人の食事内容は、ほぼ理想的な状態にある。

ところが、つぎつぎに新たな難問が現れるようになった。大きな課題として、①地球規模でみると、飽食と飢餓が共存しながら、七〇億の人類が生存している。②日本の豊かな食生活は、食料自給率がわずかに三〇～四〇パーセントという薄氷の上にある。③食のライフスタイルは、著しく変貌し、家庭の調理の社会化や外部化が進み、④孤食化・個食化・ながら食がからみあい、⑤若い世代を中心に、食のファッション化としてエスニック料理のブームがおこっているなど、さまざまな問題が提起されている。

日本人の食生活は、たしかに、明治維新を契機にして洋風化や、折衷化が急速に進み、その後、第二次世界大戦後、生活水準は大幅に向上充実し、栄養バランスも改善され、体位も向上している。しかし、一方においては、過剰摂取の問題があり、伝統食・郷土食・おふくろの味を置き去りにした悩みも大きい。「悪しきを取り良きを顧みない」という、世界的に複雑化した食の文化を、今日の私たちは、どのように取捨選択し、吸収し、同化していけばよいのだろう。プロローグでもふれたように、二一世紀は、モノ（物質）よりも、ココロ（精神）の時代へと、価値観が大きく変わろうとしている。「とんかつ」を誕生させた先人たちの心意気を、今一度、謙虚に思い返してみたい。

今回、講談社選書メチエ出版部の渡部佳延部長から、「洋食がいかに日本人の食卓になじんでいったか。明治のビッグバンから約六〇年に及ぶ『とんかつ誕生』までの疾風怒濤」をまとめてみないかという、ありがたいご依頼を頂いた。

浅学を顧みずに、二つ返事でお引き受けした理由が二つある。①敬愛する本山荻舟先生の「明治維新は、料理維新である」とのお考えが、いつも頭の片隅にあったこと。②間もなく迎える二一世紀は、ココロの豊かさを求める時代になる。活気に満ちあふれた明治期の食の文化の世界を、もう一度振りかえることにより、よりよい未来の食を望めるのではないか、と考えたからである。多くのエピソードのなかに、先人たちの汗と知恵と工夫の跡を感じていただけるであろう。

しかし、何分にも分不相応な課題と取りくむことになり、記述内容の不行き届きなどを案じている。読者の皆さまから、ご叱責やご教示を賜れば幸いである。なお、資料収集には、多方面の方々からたくさんのご協力やご助言を頂戴した。さらに、このような出版の機会を与えて下さった講談社の選書出版部の皆さまには、心からの御礼と感謝を申し上げたい。この小さな冊子を通じて、読者の皆さまの洋食への関心が高まり、健康で豊かな食生活の享受に、いささかなりともお役に立つことがあれば、筆者としてこれ以上の喜びはない。

岡田　哲

二〇〇〇年一月一日

参考文献

初版・復刻版の刊行年順（一部成立年も含む。分冊は初巻の刊行年）

明治期以前

陳寿撰『三国志』（倭人の記事「魏志倭人伝」） 三世紀
著者不詳『料理物語』一六四三年
寺島良安編『和漢三才図会』一七一二年
西川如見『長崎夜話艸』一七二〇年
森島中良『紅毛雑話』一七八七年
大槻玄沢『蘭説弁惑』一七九九年
立原翠軒『楢林雑話』一七九九年
浅野高造『素人庖丁』一八〇三年
饒田喩義編述『長崎名勝図絵』 文政（一八一八～三〇）初年
醍醐山人『料理早指南』一八二二年
寺門静軒『江戸繁昌記 初編』 一八三二年
小山田与清『鯨肉調味方』一八三二年
磯野信春『長崎土産』一八四七年
柴田方庵『日録 第五巻』（安政二年の条）
松本良順『養生法』一八六四年

片山淳之助（福沢諭吉）『西洋衣食住』一八六七年
著者不詳『南蛮料理書』江戸期
小山田与清『松屋筆記』幕末

明治期

福沢諭吉「肉食之説」一八七〇年
仮名垣魯文『牛店雑談　安愚楽鍋』一八七一年
仮名垣魯文『西洋料理通』一八七二年
敬学堂主人『西洋料理指南』一八七二年
『新聞雑誌』第二六号　一八七三年
加藤祐一『文明開化』一八七三年
服部誠一『東京新繁昌記』一八七四年
萩原乙彦『東京開化繁昌誌』一八七四年
福沢諭吉『文明論之概略』一八七五年
仮名垣魯文『魯文珍報』一八七七年
『女鑑』国光社、一八九五年、一九〇四〜〇五年、一九一二年
金子春夢『東京新繁昌記』一八九七年
平出鏗二郎『東京風俗志　中巻』冨山房、一九〇一年
池村鶴吉編『新撰和洋料理精通』松陽堂・東新堂、一九〇一年

『風俗画報』東陽堂、一八九六、一九〇一、〇五年
村井弦斎『食道楽』報知社、一九〇三年
松田政一郎『西洋料理三百種』青木嵩山堂、一九〇四年
桜楓会編『家庭』精美堂、一九〇九年
亀井まき子『洋食の調理』博文館、一九一一年

大正期

宇野弥太郎『西洋料理法大全』大倉書店、一九一二年
田中宏『田中式豚肉調理』玄文社出版部、一九一九年
水島爾保《におう》布『新東京繁昌記』日本評論社、一九二四年
長崎市役所編『長崎市史　風俗編』長崎市役所、一九二五年
木下謙次郎『美味求真』啓成社、一九二五年

昭和期

司馬江漢『西遊日記』日本古典全集刊行会、一九二七年
アトリエ社編『現代商業美術全集二三』アルス、一九二八年
『食道楽』内外情報出版社、一九二九、三一、三三、三九年
クラセ著、太政官本局翻訳係訳『日本西教史』太陽堂書店、一九三一年
大谷光瑞『食』大乗社東京支部、一九三一年

新聞集成　明治編年史編纂会編『新聞集成　明治編年史』財政経済学会、一九三四年
笹川臨風、足立勇『近世日本食物史』雄山閣、一九三五年
蘇武緑郎編著『明治史総覧』明治史刊行会、一九三八年
滝川政次郎『日本社会経済史論考』日光書院、一九三九年
福沢諭吉『福翁自伝』岩波書店、一九四四年
ペルリ著、土屋喬雄他訳『ペルリ提督日本遠征記　一～四』岩波書店、一九四八年
夏目漱石『三四郎』新潮社、一九四八年
ハリス著、坂田精一訳『日本滞在記　上・中・下』岩波書店、一九五三年
柳田國男編『明治文化史　第一三巻　風俗編』洋々社、一九五四年
渋沢敬三編『明治文化史　第一二巻　生活編』洋々社、一九五五年
福原康雄『日本食肉史』食肉文化社、一九五六年
日本のパン四百年史刊行会編『日本のパン四百年史』日本のパン四百年史刊行会、一九五六年
塚崎進『日本人の生活全集　一　日本人の食事』岩崎書店、一九五六年
山本直文『仏蘭西料理要覧』柴田書店、一九五六年
本山荻舟『飲食事典』平凡社、一九五八年
和田常子『長崎料理史』柴田書店、一九五八年
アーネスト・サトウ著、坂田精一訳『一外交官の見た明治維新　下』岩波書店、一九六〇年
樋口清之『日本食物史』柴田書店、一九六〇年
三谷一馬『江戸商売図絵』青蛙房、一九六三年
日吉良一『たべものの語源』柴田書店、一九六三年

明治屋編『明治屋食品辞典　食料編（中巻）』明治屋本社編集室、一九六四年
渡辺実『日本食生活史』吉川弘文館、一九六四年
安達巌『パンと日本人』日本経済新聞社、一九六五年
栗田奏二編『日本風俗史　食肉編』栗田、一九六五年
山本直文『新版食物事典』柴田書店、一九六六年
『味百年』日本食糧新聞社、一九六七年
加藤秀俊他『明治・大正・昭和世相史』社会思想社、一九六七年
露木英男『食物の歴史』徳間書店、一九六七年
高橋義孝編『東京故事物語』河出書房、一九六八年
ポンペ著、沼田次郎他訳『ポンペ日本滞在見聞記』雄松堂書店、一九六八年
日本風俗史学会編『近代日本風俗史　第五巻　食事と食品』雄山閣出版、一九六八年
宮内庁編『明治天皇紀　第二』吉川弘文館、一九六九年
森銑三『明治東京逸聞史　一～二』平凡社、一九六九年
筑波常治『米食・肉食の文明』日本放送出版協会、一九六九年
柴田書店編『とんかつ』柴田書店、一九六九年
大塚力編『食生活近代史』雄山閣出版、一九六九年
ボードウェン著、永積洋子訳『平戸オランダ商館の日記　第一～四輯』岩波書店、一九六九年
明治大正昭和新聞研究会編『新聞集録　明治史』明治大正昭和新聞研究会、一九七〇年
日本食肉加工協会編『食肉加工百年史』日本ハム・ソーセージ工業協同組合、一九七〇年
守安正『日本名菓辞典』東京堂出版、一九七一年

昭和女子大学食物学研究室編『近代日本食物史』近代文化研究所、一九七一年
杉田浩一『「こつ」の科学』柴田書店、一九七一年
多田鉄之助『たべもの日本史』新人物往来社、一九七二年
中尾佐助『料理の起源』日本放送出版協会、一九七二年
山本嘉次郎『日本三大洋食考』昭文社出版部、一九七三年
ヴァリニャーノ著、松田毅一他訳『日本巡察記』平凡社、一九七三年
森鷗外『鷗外全集　第二八巻』岩波書店、一九七四年
石毛直道、大塚滋、篠田統『食物誌』中央公論社、一九七五年
大塚滋『食の文化史』中央公論社、一九七五年
近藤弘『日本人とたべもの』毎日新聞社、一九七五年
宮内庁編『明治天皇紀　第十二』吉川弘文館、一九七五年
小笠原武、安藤静夫『食物の始まりと由来（前・後）』都出版社、一九七六〜七七年
玉川一郎『たべもの世相史・東京』毎日新聞社、一九七六年
川崎房五郎『文明開化東京 ①』桃源社、一九七六年
安達巌『日本の食物史』同文書院、一九七六年
多田鉄之助『味の日本史』新人物往来社、一九七六年（文庫版は徳間書店、一九八九年）
樋口清之『食べる日本史』柴田書店、一九七六年
石井治兵衛『日本料理法大全』新人物往来社、一九七七年
加藤秀俊『食生活世相史』柴田書店、一九七七年
小柳輝一『たべもの文化誌』新人物往来社、一九七七年

締木信太郎『パンの百科』中央公論社、一九七七年
林美一『江戸店舗図譜』三樹書房、一九七八年
企画開発センター企画・制作『明治・大正くらしの物語　上巻』KKベストセラーズ、一九七八年
岡田章雄『明治の東京』桃源社、一九七八年
茂出木心護『うるさい男も黙る洋食の本』主婦の友社、一九七八年
平野正章『食の文化考』東京書籍、一九七八年
大塚力『「食」の近代史』教育社、一九七九年
フロイス著、松田毅一他訳『日本史』中央公論社、一九七九年
『プロ直伝のおかず　煉瓦亭の洋食』主婦の友社、一九七九年
芳賀徹『明治維新と日本人』講談社、一九八〇年
茂出木心護『洋食や』中央公論社、一九八〇年
池田弥三郎『私の食物誌』新潮社、一九八〇年
池波正太郎『食卓の情景』新潮社、一九八〇年
獅子文六『飲み・食い・書く』角川書店、一九八〇年
川辺長次郎編『日本食肉史年表』食肉通信社、一九八〇年
石毛直道他監修『週刊朝日百科　世界の食べもの』朝日新聞社、一九八〇〜八三年
河野友美『日本人の味覚』玉川大学出版部、一九八〇年
安達巖『日本食物文化の起源』自由国民社、一九八一年
池田弥三郎『食前食後』旺文社、一九八二年
石毛直道『食事の文明論』中央公論社、一九八二年

小松左京、石毛直道『にっぽん料理大全』潮出版社、一九八二年
越中哲也『長崎の西洋料理』第一法規出版、一九八二年
木村荘八『木村荘八全集　第七巻』講談社、一九八二年
安達巌『日本型食生活の歴史』農山漁村文化協会、一九八二年（新版は新泉社、一九九三年）
平野雅章編『料理名言辞典』東京堂出版、一九八三年
伊東昌輝『南蛮かんぬし食物誌』鎌倉書房、一九八三年
遠藤元男、谷口歌子『日本史小百科　一六　飲食』近藤出版社、一九八三年
小柳輝一『絵で見る日本食物誌《たべもの》』春秋社、一九八四年
村岡実『日本人と西洋食』春秋社、一九八四年
文藝春秋編『東京たべもの探険』文藝春秋、一九八四年
池波正太郎『むかしの味』新潮社、一九八四年
『平凡社大百科事典』平凡社、一九八四年
気楽プロ『１０００円グルメの本』山手書房、一九八五年
平野雅章『たべもの語源考』雄山閣出版、一九八五年
和歌森太郎編『新版　日本生活文化史　九　市民的生活の展開』河出書房新社、一九八六年
全国調理師養成施設協会編『調理用語辞典』全国調理師養成施設協会、一九八六年
増田太次郎『チラシ広告に見る大正の世相・風俗』ビジネス社、一九八六年
多田鉄之助『食通の日本史』徳間書店、一九八七年
宮崎昭『食卓を変えた肉食』日本経済評論社、一九八七年
富田仁『舶来事物起原事典』名著普及会、一九八七年

森田重廣「日本人と肉食　第1〜12回」『農林統計調査』農林統計協会、一九八七〜八八年
富田仁、内海あぐり『グルメは文化である』白馬出版、一九八八年
加太こうじ『江戸のあじ東京の味』立風書房、一九八八年
食文化研究所編『食の百科事典』新人物往来社、一九八八年

平成期

『木村屋総本店百二十年史』木村屋総本店、一九八九年
原田信男『江戸の料理史』中央公論社、一九八九年
杉田浩一『調理のコツの科学』講談社、一九八九年
鈴木晋一『たべもの史話』平凡社、一九八九年
尾佐竹猛『幕末遣外使節物語』講談社、一九八九年
『日本食肉史基礎資料集成　第二八九輯』栗田、一九九〇年
『日本食肉文化史』伊藤記念財団、一九九一年
富田仁『渡来食はじまり紀行』農山漁村文化協会、一九九一年
小菅桂子『にっぽん台所文化史』雄山閣出版、一九九一年
柳田國男『明治大正史　世相篇　新装版』講談社、一九九三年
岡田哲『コムギ粉の食文化史』朝倉書店、一九九三年
原田信男『歴史のなかの米と肉』平凡社、一九九三年
梶田武俊他編『調理のための食品学辞典』朝倉書店、一九九四年

山内昶『「食」の歴史人類学』人文書院、一九九四年
小菅桂子『にっぽん洋食物語大全』講談社、一九九四年
原田信男『木の実とハンバーガー』日本放送出版協会、一九九五年
岡田哲編『日本の味探究事典』東京堂出版、一九九六年
主婦の友社編『料理食材大事典』主婦の友社、一九九六年
安達巌『ものと人間の文化史　八〇　パン』法政大学出版局、一九九六年
杉田浩一他編『日本の食・一〇〇年〈つくる〉』ドメス出版、一九九七年
小菅桂子『近代日本食文化年表』雄山閣出版、一九九七年
岡田哲編『世界の味探究事典』東京堂出版、一九九七年
石井研堂『明治事物起原　八』筑摩書房、一九九七年
日本調理科学会編『総合調理科学事典』光生館、一九九七年
石川寛子他監修『全集　日本の食文化　第八巻　異文化との接触と受容』雄山閣出版、一九九七年
南直人『ヨーロッパの舌はどう変わったか』講談社、一九九八年
岡田哲編『食の文化を知る事典』東京堂出版、一九九八年
江原絢子、杉田浩一「日本の食文化の変遷（1）」『食生活研究　一九巻　四』食生活研究会、一九九八年
伊東椰子『船が運んだ日本の食文化』調理栄養教育公社、一九九八年
菊池真一編『明治大阪物売図彙』和泉書院、一九九八年
芳賀登、石川寛子他監修『全集　日本の食文化　一二』雄山閣出版、一九九九年
熊倉功夫責任編集『講座　食の文化　第二巻　日本の食事文化』味の素食の文化センター、一九九九年
杉田浩一責任編集『講座　食の文化　第三巻　調理とたべもの』味の素食の文化センター、一九九九年

丸井英二、金子俊『日本の食文化　日本近代の「食と栄養」観　第一巻　明治篇（Ⅰ〜Ⅲ）』全国食糧振興会、一九九九年
岡田哲編『コムギ粉料理探究事典』東京堂出版、一九九九年
草間俊郎『ヨコハマ洋食文化事始め』雄山閣出版、一九九九年

日本洋食年表

西暦	元号	事項
一八五七年	安政四	長崎の日本料理店で、西洋料理を取りいれはじめる
一八六〇年	万延元	内海兵吉が、横浜にパン屋を開店する
一八六一年	文久元	このころ（文久年間）、横浜の居酒屋「伊勢熊」が「牛肉煮込み」で評判をとる
一八六三年	文久三	草野丈吉が、長崎に初の西洋料理専門店「良林亭」を開店する
一八六七年	慶応三	中川嘉兵衛が、『万国新聞紙』に、パン・ビスケットの広告 中川嘉兵衛が、武蔵国荏原郡白金村に牛肉処理場を開設する 福沢諭吉が、片山淳之助のペンネームで『西洋衣食住』を出版する
一八六八年	明治元	米津松造が、「米津凮月堂」を開業し、薩摩藩の軍用パンを製造 堀越藤吉が、露月町に東京で初の牛鍋屋を開店する 「築地ホテル館」が開業し、西洋料理を始める
一八六九年	明治二	東京築地に、牛馬会社を設け牛肉の普及に努める 神戸元町に、牛肉すき焼き店「月下亭」が開店する 角田米三郎が、協救社（養豚組合）を結社する 東京日蔭町に、「木村屋」の前身「文英堂」が開店し、東京で初めてパンを売る
一八七〇年	明治三	福沢諭吉が「肉食之説」を著し、肉食と牛乳の効用を説く
一八七一年	明治四	仮名垣魯文が、『牛店雑談　安愚楽鍋』を出版する 中川嘉兵衛が、函館豊川町に、三五〇〇トンの貯氷庫をつくる

一八七二年	明治五	明治天皇、獣肉を食す 敦賀県で、異例の肉食奨励の諭告を出す 横浜に、洋風建築の西洋料理店「崎陽亭」が開店する 東京馬場先門前に、「精養軒」が開業する 東京で、豚肉や鶏肉が販売される 肉料理の本『肉料理大天狗』に、一一〇種の西洋料理の紹介 仮名垣魯文が、『西洋料理通』を出版し、「ホールコットレッツ」を紹介 敬学堂主人が、『西洋料理指南』を出版する
一八七三年	明治六	宮中で、西洋料理食事作法の稽古 東京采女町に、「精養軒」が再建される 『新聞雑誌』が、近頃評判の西洋料理店を紹介する 加藤祐一が、『文明開化』を出版する 『東京日日新聞』に、豚肉食うべからずの投書が載る
一八七四年	明治七	木村屋が、銀座の煉瓦街に進出、あんパンを売りだす イギリス人ウィリアム・カーティスが、神奈川県鎌倉郡で、ハムの製造を開始 服部誠一が、『東京新繁昌記』を出版する
一八七五年	明治八	旧水戸藩下屋敷で、あんパンが天皇の食卓に供される
一八七六年	明治九	東京上野に、「精養軒」が開業する
一八七七年	明治一〇	横浜の「グランドホテル」が、日本最初のフランス料理店を始める 西南戦争の陸軍の軍用食に、ビスケットを製造
一八七八年	明治一一	東京浅草田圃の「平野亭」が、牛肉ソップの製造配達を始める

一八七九年	明治一二	東京入舟町に、中国料理店「永和斎」が開店
		横浜で、初めて西洋料理の立食形式パーティー「横浜大夜会」を開く
		若山惣太郎が、函館にロシア料理とパンの店「五島軒」を開店する
一八八二年	明治一五	赤堀峰吉が、東京に「赤堀割烹場」を開校する
		長野松本で、馬肉を食べはじめる
一八八三年	明治一六	福沢諭吉が、『時事新報』に「肉食せざるべからず」の記事
		コンドルの設計による鹿鳴館を開設する
一八八四年	明治一七	東京倶楽部が開設する
一八八五年	明治一八	司法省に、西洋食の食堂を設置する
		森林太郎が、「日本兵食論大意」を発表する
一八八六年	明治一九	海軍軍医の妻女が、婦人の洋食会を開く
		東京女学校の教科に、西洋料理が採用される
		築地の精養軒が、西洋料理テーブルマナーの講習会を開く
		このころ肉食会が、全国に広がる
一八八七年	明治二〇	鹿鳴館時代が終りを告げる
		このころ東京に、牛飯屋が現れる
一八八八年	明治二一	東京下谷の上野西黒門町に、初のカフェ「可否茶館」が開店する
		木村荘平が、牛鍋チェーン店「いろは」を開店する
一八九五年	明治二八	東京銀座の洋食屋「煉瓦亭」で、「豚肉のカツレツ」を売りだし、キャベツを添える
		『女鑑』に、フランス式コロッケ、牛肉・鶏肉のカツレツの記事
一八九七年	明治三〇	東京の洋食屋が、一五〇〇軒を越える

一八九八年	明治三一	金子春夢が、『東京新繁昌記』を出版する
一九〇〇年	明治三三	石井治兵衛が、『日本料理法大全』を出版する
一九〇一年	明治三四	東京銀座の木村屋が、「ジャミパン」を売りだす
		東海道線に、洋食専門の食堂車を連結する
一九〇三年	明治三六	村井弦斎が、『食道楽』を出版する
		『家庭之友』に、豚肉のソテーの記事
一九〇四年	明治三七	東京新宿の「中村屋」が、「クリームパン」を売りだす
一九〇五年	明治三八	全国の駅売りに、あんパンが登場する
一九〇六年	明治三九	東京神田松富町の「一貫堂」が、「カレーライスのたね」を売りだす
一九〇七年	明治四〇	丸山寅吉が、パン粉の製造を始める
一九〇九年	明治四二	『家庭』に、「箸の会議」の記事
一九一一年	明治四四	東京京橋日吉町に、「カフェ・プランタン」が開店する
		亀井まき子が、『洋食の調理』を出版する
一九一二年	大正元	『女鑑』に、「カレーライス」の語の初見
一九一四年	大正三	東京日本橋の「岡本商店」が、「ロンドン土産即席カレー」を売りだす
一九一七年	大正六	東京の帝国劇場の喜劇『ドッチャダンネ』で、「コロッケの歌」
一九一八年	大正七	東京浅草の屋台洋食屋「河金」で、「かつカレー」を売りだす
一九一九年	大正八	田中宏が、『田中式豚肉調理』を出版する
一九二一年	大正一〇	早稲田高等学院生の中西敬二郎が、「かつ丼」をつくる
一九二三年	大正一二	関東大震災後に、東京で洋食屋が大流行する
一九二四年	大正一三	東京神田の「須田町食堂」が、和洋中華の大衆料理を始める

一九二七年	昭和二	東京新宿の中村屋が、「純印度式カリー」を売りだす 東京深川の名花堂が、「洋食パン（カレーパン）」を売りだす
一九二九年	昭和四	東京下谷の「ポンチ軒」の島田信二郎が、「とんかつ」を売りだす

本書の原本は、二〇〇〇年三月、小社より講談社選書メチエ『とんかつの誕生――明治洋食事始め』として刊行されました。

岡田　哲（おかだ　てつ）

1931年生まれ。東京大学農学部農芸化学科卒業。日清製粉株式会社勤務ののち，NHK放送大学で食文化史講座を担当する。主な著書・編書に『コムギ粉の食文化史』『日本の味探究事典』『世界の味探究事典』『食の文化を知る事典』『コムギ粉料理探究事典』などがある。

講談社学術文庫

定価はカバーに表示してあります。

明治《めいじ》洋食事始《ようしょくことはじ》め　とんかつの誕生《たんじょう》

岡田《おかだ》　哲《てつ》

2012年7月10日　第1刷発行
2013年4月12日　第5刷発行

発行者　鈴木　哲
発行所　株式会社講談社
東京都文京区音羽2-12-21 〒112-8001
電話　編集部（03）5395-3512
販売部（03）5395-5817
業務部（03）5395-3615

装　幀　蟹江征治
印　刷　慶昌堂印刷株式会社
製　本　株式会社国宝社
本文データ制作　講談社デジタル製作部

ISBN978-4-06-292123-7

「講談社学術文庫」の刊行に当たって

これは、学術をポケットに入れることをモットーとして生まれた文庫である。学術は少年の心を養い、成年の心を満たす。その学術がポケットにはいる形で、万人のものになることは、生涯教育をうたう現代の理想である。

こうした考え方は、学術を巨大な城のように見る世間の常識に反するかもしれない。また、一部の人たちからは、学術の権威をおとすものと非難されるかもしれない。しかし、それはいずれも学術の新しい在り方を解しないものといわざるをえない。

学術は、まず魔術への挑戦から始まった。やがて、いわゆる常識をつぎつぎに改めていった。学術の権威は、幾百年、幾千年にわたる、苦しい戦いの成果である。こうしてきずきあげられた城が、一見して近づきがたいものにうつるのは、そのためである。しかし、学術の権威を、その形の上だけで判断してはならない。その生成のあとをかえりみれば、その根は常に人々の生活の中にあった。学術が大きな力たりうるのはそのためであって、生活をはなれた学術は、どこにもない。

開かれた社会といわれる現代にとって、これはまったく自明である。生活と学術との間に、もし距離があるとすれば、何をおいてもこれを埋めねばならない。もしこの距離が形の上の迷信からきているとすれば、その迷信をうち破らねばならぬ。

学術文庫は、内外の迷信を打破し、学術のために新しい天地をひらく意図をもって生まれた。文庫という小さい形と、学術という壮大な城とが、完全に両立するためには、なおいくらかの時を必要とするであろう。しかし、学術をポケットにした社会が、人間の生活にとってより豊かな社会であることは、たしかである。そうした社会の実現のために、文庫の世界に新しいジャンルを加えることができれば幸いである。

一九七六年六月

野間省一